D1754951

„Das Jakobsmuscheltatar sehe ich noch verheißungsvoll vor mir, das getrüffelte eingeweckte Gartengemüse charmiert in der Erinnerung immer noch meinem Gaumen und das Kalbsfilet weckt Sehnsüchte nach einem da Capo. Das Essen bei Dir war wieder einmal ein privates Weltereignis, und dafür möchte ich innig danken, verbunden mit einem Kompliment an Deine Mitarbeiter, in der Küche wie im Service."

August Franz Winkler, Journalist, Liebhaber von allem Schönen und unverbesserlicher Genießer.

Als Danksagung anlässlich des 10. Jubiläums des Restaurants Dieter Müller im Schlosshotel Lerbach.

Im September 2002

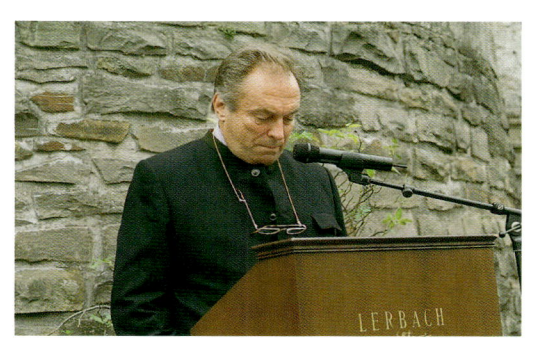

DUMONT monte

Fotos: Dieter Müller, August Franz Winkler, Dieter Müller und Eckard Witzigmann, Elke Diefenbach-Althoff und Thomas Althoff, Inhaber des Schlosshotels Lerbach

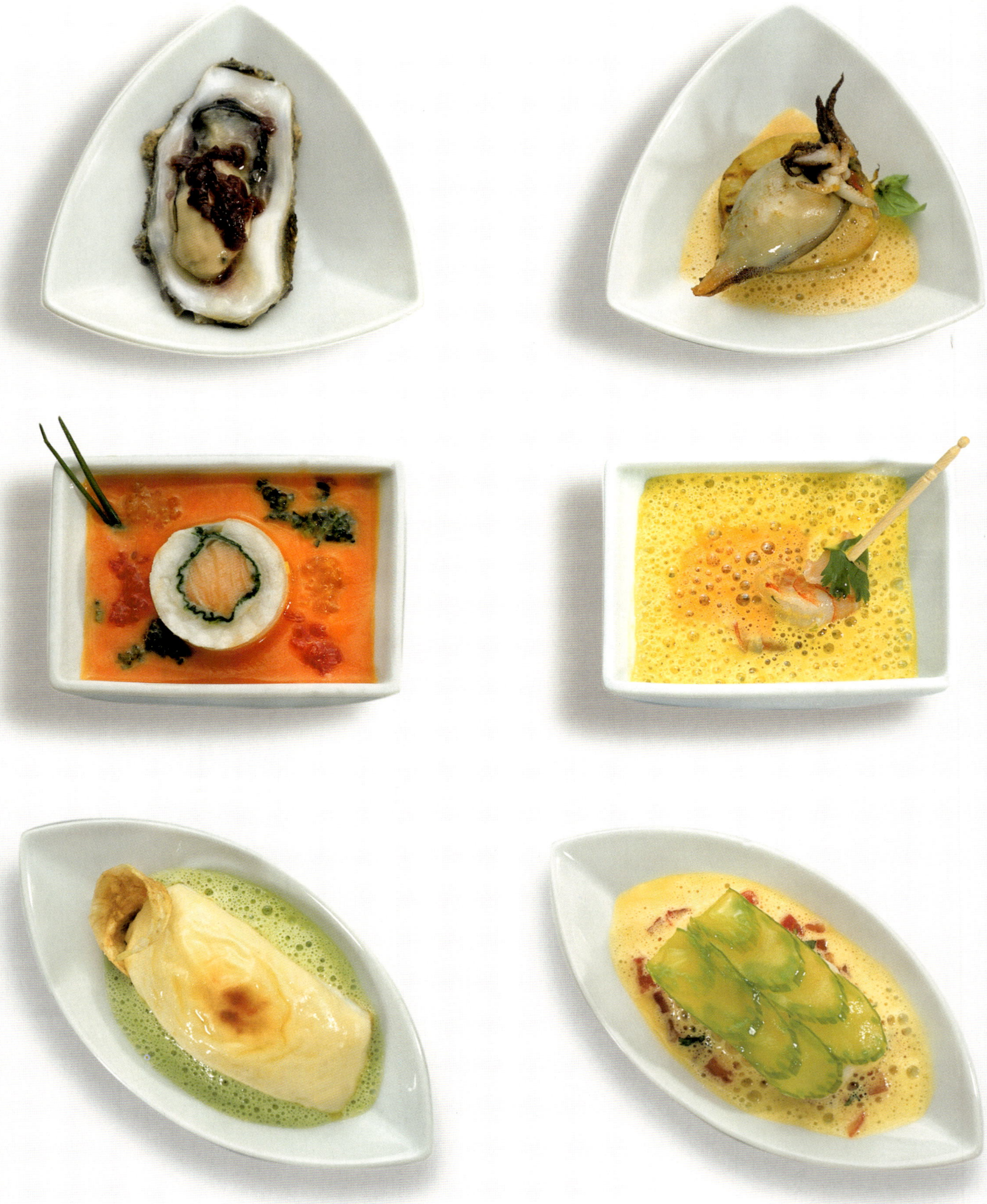

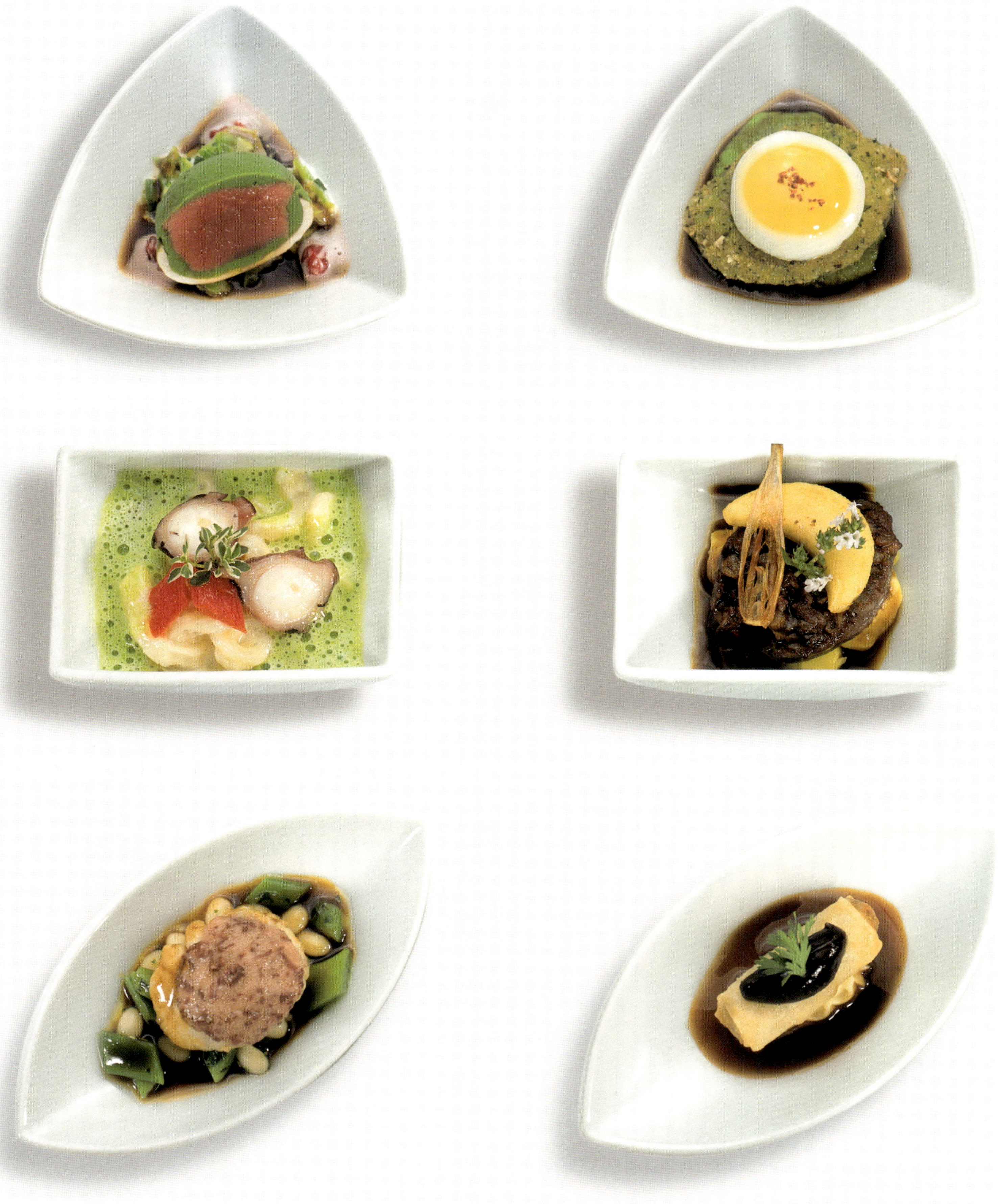

2	**Amuse bouche**	54	Strudel von Lachsforelle und Zander mit Sauerampfersauce
6	**Prolog**	56	Steinbuttfilet mit Karotten-Koriander-Haube, Currysauce und Couscous
	Vorspeisen	58	Gebratenes Zanderfilet auf Gemüserahmkraut mit violetter Senfsauce
10	Salat von Artischocken mit Erdbeeren, Basilikum und gebackenen Gambas	60	Gebackenes Kabeljaufilet im Kartoffelmantel mit geschmolzenen Tomaten
12	Bretonischer Hummer mit Melonenkaltschale, Hummer-Eis und Pfeffer-Vanille-Rahm	62	Gebratene Seeteufelscheibe mit mediterraner Gemüsevinaigrette auf Safran-Rucola-Risotto
14	Matjesfilet und Tatar auf Nadelbohnen mit Schalottenrahm	64	Rotbarbenfilet mit Bärlauchsauce und Kartoffelgnocchi
16	Gewürzlachsfilet mit Sauce und Spitzen von weißem und grünem Spargel	66	Gefüllte Calamaretti auf Bonnote-Kartoffeln mit Bouillabaisse-Sauce
18	Marinierter Thunfisch mit Gurkenvinaigrette und Auberginenconfit		Seezungen-Lachs-Roulade auf Gazpacho
20	Crème brûlée von Gänseleber mit Apfel-Sellerie-Salat	67	Steinbuttfilet mit Stauden-Sellerie-Schuppen auf Safran-Estragon-Fumet
22	Entenleberparfait mit Kürbiskrokant und Kürbis-Aprikosen-Chutney		Soufflierter Loup de mer mit Artischockensauce
24	Marinierte Rinderfiletscheiben mit Thunfisch-Limonen-Crème und Salat von Pfifferlingen und Aprikosen		**Fleischgerichte**
26	Terrine von der Maispoularde mit Entenleber und Feigenconfit	68	Geschmorte Rehschulter mit Blutsauce und Maronentortelloni
28	Bunter Blatt-Rohkost-Salat mit Joghurt-Kräuter-Dressing	72	Fasanenbrust auf Weinkraut mit Sauce riche, Moscatotrauben und Grießstrudel
29	Sylter Royal-Austern mit Rotweinschalottenvinaigrette	74	Stubenküken mit Confit, Gnocchi und Gemüse vom Kürbis
	Gebackene Frühlingsrollen von der Ente mit Pflaumen-Ingwer-Dipp	76	Gefüllter Kaninchenrücken mit Morcheln und Vanillekarotten
30	Sülze von Milchferkel und Kalbszunge mit Spargelsalat	78	Geschmorte Kaninchenkeule mit Leipziger Allerlei und gebackener Kartoffelschnitte
	Suppen	80	Pochiertes Kalbsfilet in Wildkräutern mit Morcheln und Kartoffelblini
32	Pot au feu von Bouchotmuscheln und Gemüse	82	Geschmorte Kalbsbäckchen mit Barolosauce, Stielmus und eingelegten Perlzwiebeln
34	Crème von Zuckererbsen mit Flusskrebsen	84	Sauté von Kalbsbries und Nieren mit Senfsauce, Blumenkohl und Brokkoli
36	Spinat-Kartoffel-Suppe mit Eigelb-Ravioli und weißem Trüffel	86	Gebratene Kalbsleber mit Pfefferkirschen, Zwiebelconfit und Kartoffel-Zucchini-Küchle
38	Maiscrème mit Wachtelcrêpinette und Maisblini	88	Grillspieß mit dreierlei Saucen und Kümmelkartoffeln
40	Graupen-Crème-Suppe mit geräuchertem Schweinebäckchen	90	Lammrücken im Minipatisson mit Paprikarisotto
42	Pot au feu vom Rinder-Tafelspitz mit Wan-Tan-Taschen und Wurzelgemüsen	92	Geschmorte Lammhachse mit Kartoffel-Bohnen-Gemüse und Bergbohnenkrautsauce
44	Cappuccino von Curry und Zitronengras mit Gambarettispieß	94	Filet vom Wildhasen in der Brotkruste mit Schwarzwurzeln und Maronensauce
	Tomatenessenz mit Lottebäckchen und Basilikum	96	Champagner-Kutteln mit Pulpo und Blattsalatsauce
45	Gazpacho Andaluz		Kalbsröllchen mit Cognac-Rahm-Sauce, Schwarzwurzeln und Petersilienspätzle
	Entenconsommé à la Chinoise	97	Gefülltes Wachtelbrüstchen mit Portweinjus und Wachtelspiegelei
	Fischgerichte	98	Gratiniertes Bries vom Milchlamm auf Bohnengemüse mit Thymianjus
46	Gebratene Jakobsmuscheln mit Kumquatsconfit, Pinienkernsauce auf Wildreisplätzchen		Schweinefilet im Speckpfannkuchen auf buntem Linsengemüse
48	Hechtklößchen mit Frankfurter Grüner Sauce, Kirschtomaten und Safrankartoffeln	99	Himmel und Erde mit Geflügel-Blutwurst und Balsamicosauce
50	Spaghettini mit Passepierre-Algen und Gambaretti		
52	Kalte Kartoffel-Lauch-Crème mit Liebstöckel und warm geräuchertem Saiblingfilet		

100	Rehrückenfilet im Steinchampignon mit Bergpfeffersauce und Spitzkohl		

100 Rehrückenfilet im Steinchampignon mit Bergpfeffersauce und Spitzkohl
101 Hirschmedaillon mit Pilzkruste und Gewürzjus, Rotkohl und Schupfnudeln

Desserts
104 Rhabarber-Tartelette mit marinierten Erdbeeren
106 Bananenauflauf auf Ananasscheiben mit exotischen Früchten und Milchschokolade-Rum-Eis
108 Kokosschaum mit Himbeeren im Hippentürmchen
110 Gebackener Pfirsich mit weißem Schokoladen-Tonkabohnen-Mousse
112 Schokoladen-Eis-Soufflé mit Erdbeermousse und Rhabarberkompott
114 Crémeux von Schokolade und Passionsfrüchten mit exotischem Fruchtsalat
116 Grand-Marnier-Parfait mit Gewürzorangen
118 Holunderblüten-Küchlein mit marmoriertem Eis von Holunderblüten und Beeren
120 Giandujatörtchen mit Rotweinbirne und Pistazieneis
122 Fondant von Milchschokolade mit Brombeermousse und Whisky-Gianduja-Eis
124 Ofennudeln mit Aprikosenkompott und Himbeersorbet
126 Tarte Tatin mit Apfelsorbet und Calvados-Sabayon
128 Champagner-Crème-Sorbet
Creme brûlée von Zitronen-Verveine
Gebackene Briochescheiben mit Zwetschgenkompott
Grießflammerie mit Gewürzkirschen
129 Warmer Schokoladenauflauf mit marinierten Zitrusfrüchten
Erdbeer-Rosmarin-Chiboust

Vegetarische Gerichte
130 Gratin von Blattspinat mit Steinchampignons
Gebackene Blätterteigrolle gefüllt mit Waldpilzen auf Kerbelsauce mit Kapuzinerblüten
131 Überbackene Polentaschnitte gefüllt mit Tomaten-Zucchini-Ragout auf Roquefortsauce
Warmer Blumenkohl-Brokkoli-Kuchen mit geschmolzenem Tomatencoulis

Gemüse & Beilagen
132 Ofentomaten, Petersilienwurzelpüree, Rote-Bete-Püree, Selleriepüree, Spitzkohlbällchen
133 Coscous, Grießstrudel, Kartoffel-Blätterteig-Schnitte
134 Kartoffelblinis, Kartoffel-Zucchini-Gratin, Kürbis-Gnocchi, Nudelgratin
135 Petersilienspätzle, Schupfnudeln

Farcen, Buttermischungen & Gewürze
135 Fischfarce, Geflügelfarce, Fleischfarce-Varianten, Gänsestopfleber-Terrine
137 Mehlbutter – Beurre manie, Pilzbutter, Schalottenbutter
Gewürzlachsbeize, Pastetengewürz

Fonds & Reduktionen
138 Fischfond, Fischgelee, Hummer-, Langusten- oder Krebsfond, Geflügelfond hell, Geflügelfond dunkel, Kalbsfond hell, Kalbsfond dunkel
140 Milchlamm- oder Zickleinfond, Lammfond dunkel, Portweingelee
141 Reduktion von braunen Fonds und Krustentierfonds, Wild- oder Wildgeflügelfond

Saucen
141 Bärlauchpesto, Bouillabaisse-Sauce
142 Fisch-Weißwein-Sauce, Champagnersauce, Kräutersauce, Mayonnaise und Abwandlungen, Pestosauce, Sauce Américaine, Sauce Béchamel und Abwandlungen, Sauce Hollandaise und Abwandlungen
144 Sauce Marchand de vin, Sauce riche, Sauce verte, Tomatensauce, Velouté, Vinaigrette und Abwandlungen

Teige & Massen
145 Biskuitteig, Blätterteig
146 Brioche, Focaccia-Brot, Kürbiskern-Krokant, Mürbteig, Nudelteig und Abwandlungen
148 Parmesangebäck, Pizzateig, Salzteig, Strudelteig

Chutneys & Eingemachtes
149 Apfel-Sellerie-Salat, Eingelegter Muskatkürbis, Eingelegte Perlzwiebeln, Eingemachte Holunderbeeren
150 Eingemachte Preiselbeeren, Holunderblüten-Essenz, Kumquats-Confit, Kürbis-Aprikosen-Chutney, Moscato-Trauben, Physaliskompott, Rotwein-Schalotten

Anhang
152 Gewürze
156 Kräuter
160 Fische & Krustentiere
162 Küchengeräte
166 Fachbegriffe
168 Impressum und Bezugsadressen

Dieses Werk einschließlich aller seiner Teile ist urheberrechtlich geschützt. Jede Verwertung außerhalb der Eigennutzung ist ohne Zustimmung der Autoren Dieter Müller und Thomas Ruhl nicht erlaubt. Das gilt insbesondere für die Vervielfältigung, Übersetzung, Mikroverfilmung oder die Einspeisung ins Internet oder die Erstellung von elektronischen Medien wie CD ROM und Video.
Alle in diesem Buch enthaltenen Angaben, Rezepte etc. wurden von den Autoren nach bestem Wissen erstellt und von ihnen und dem Verlag mit größtmöglicher Sorgfalt überprüft. Gleichwohl sind – wie wir im Sinne des Produkthaftungsrechts betonen müssen – inhaltliche Fehler nicht vollständig auszuschließen. Daher erfolgen die Angaben etc. ohne jegliche Verpflichtung oder Garantie des Verlages oder der Autoren. Beide Seiten übernehmen deshalb keinerlei Verantwortung und Haftung für etwaige inhaltliche Unstimmigkeiten.

EIN TELLER VOLLER GLÜCK

Nachdem mein Kochbuch „Geheimnisse aus meiner Drei-Sterne-Küche" ein großer Erfolg und mit allerhöchsten Auszeichnungen („Weltbestes Kochbuch", „Goldlorbeeren Schweiz") prämiert wurde, habe ich mich auf Wunsch vieler Fans und Hobbyköche zu einem neuen Buch entschlossen. Diesmal geht es um einfache, leicht nachkochbare Gerichte für zu Hause — aber auf Sterne-Niveau. Damit können Sie sich selbst, aber auch Ihre Gäste erfreuen. Private und gemeinsame Kochevents vertiefen Freundschaften.

Meine Philosophie lautet: Kochen mit Herz! Kochen muss Spaß machen; es fordert Kreativität und abwechslungsreiche Geschmackserlebnisse. Kochkunst bedeutet für mich, aus einfachen, frischen und guten Produkten ein schönes und sehr leckeres Gericht herzustellen.

Kochen beginnt schon beim Einkaufen. Suchen Sie gute Märkte, was einige Zeit in Anspruch nehmen darf. Nutzen Sie Augen und Nase, um das Beste zu erblicken und zu riechen, und lassen Sie sich von einem Fachmann beraten. Der Preis sollte nicht entscheidend sein: Die Qualität muss stimmen. Planen Sie das Menü schon Tage vorher. Fische, Krustentiere, Geflügel, Fleisch und Innereien vorbestellen!

Meine Gäste wissen, dass ich ein Saucenfanatiker bin. „Die Sauce macht das Gericht", lautet meine Devise, und die werden Sie aus dieser Kochschule schmecken und lieben lernen. Setzen Sie die Sauce bereits am Vortag an. Wichtig sind reichlich klein gehackte Knochen oder frische Fischgräten, die mit viel Gemüse zubereitet werden: Nicht zu lange kochen, immer sehr fein passieren und entsprechend lange einkochen. Niemals mit Geschmacksver-stärker würzen, sondern natürlich mit Kräutern, Aromen, Wein und Spirituosen reduzieren.

Dieses Buch war nur zu realisieren durch die persönliche Mitgestaltung und Ausführung meiner langjährigen Mitarbeiter: allen voran meine rechte Hand und stellvertretender Küchenchef Nils Henkel sowie mein Chef-Pâtissier Frédéric Guillon. Erfolg geht nur über Teamarbeit, und auch in diesem Punkt zählt meine Mannschaft zu den allerbesten. Auf diese Meinung unserer Gäste sind wir sehr stolz. Um täglich rund 80 Feinschmecker zu verwöhnen, braucht man ein motiviertes und professionelles Team. Ein großes Kompliment an meine Frau Birgit als Gastgeberin. Die kompetente und herzliche Art und Weise, mit der sie den Service gemeinsam mit Maître André Thomann leitet, findet bei den Gästen großen Anklang.

Zum Essen gehört auch die passende Weinempfehlung. Dafür verantwortlich zeigt sich mit großem Sachverstand und viel Liebe zum Wein unser Sommelier Silvio Nitzsche. Er empfiehlt und beschreibt Ihnen ausgewählte internationale Weine.

Deutschland hat sich kulinarisch prächtig entwickelt, doch die Käseauswahl ist oft noch recht dürftig. Käse ist teuer und bedarf viel Pflege. Ich lasse trotzdem unserem Maître André Thomann freie Hand. Er zelebriert Käseteller mit Früchtechutneys von seinem mächtigen Käsewagen mit ca. 150 verschiedenen Sorten. Die Zeitschrift „Essen und Trinken" schwärmte im Juli 2002: „Weltmeisterlich, womit er uns Gäste mit glänzenden Augen auf den selten erlebten Käsegeschmack bringt."

Dass letztendlich aus den gesammelten Rezepten ein interessantes Buch entstand, ist der großartigen Mitarbeit von Carola Gerfer und Thomas Ruhl zu verdanken.

Viel Spaß beim Nachkochen — mit Herz. Ich wünsche Ihnen einen Teller voller Glück!

Herzlichst,

Ihr Dieter Müller

PROLOG

DIE JAHRHUNDERT-IDEE
„KULINARISCHE TRÄUME, DIE WAHR WERDEN"

Restaurant Dieter Müller

Amuse bouche-Menü

Gänseleberterrine im Baumkuchenmantel auf Zwetschgencarpaccio
Créme Brûlée von der Gänseleber mit Praline im Pumpernickelmantel
Gebratene Entenleber mit Pfifferlingen und grünem Erbsenpüree

***

Soufflierter Loup de mer mit Artischockensauce
Steinbuttfilet mit Staudensellerie und Safran-Estragon-Fumet
Champagnerkutteln mit Pulpo und Blattsalatsauce

***

Melonensüppchen mit bretonischem Hummer und Hummereis
Cappuccino von Curry und Zitronengras mit Langoustinospieß
Entenconsommé à la Chinoise

Rehrückenfilet im Steinchampignon mit Bergpfeffersauce und Spitzkohl
Gratiniertes Bries vom Milchlamm auf Bohnengemüse mit Thymianjus
Geschmortes Kalbsbäckchen mit Barolosauce und Stielmus

***

Chiboust von Erdbeeren
Crème Brulée mit Zitroneneisenkraut
Dunkler Schokospitz mit Grand Marnier-Parfait
Geliertes Holundersüppchen mit Champagnercrèmesorbet
Crémeux von Schokolade und Passionsfrüchten
Guandujatörtchen mit Rotweinbirne

***

Eistrilogie mit:
Pistazienrahmeis
Eis von Holunderblüten und Beeren
Milchschokoladen-Rumeis

EIN GLÜCKSFALL FÜR DIE DEUTSCHE KÜCHE

... ist die treffendste Überschrift für diesen Text über den Koch und Menschen Dieter Müller.

Das Kochen wurde dem begnadeten Meister bereits in die Wiege gelegt, denn die Eltern besaßen in Baden eine Gastwirtschaft, in der sie ihre Gäste mit heimischen Spezialitäten verwöhnten. Dort half Dieter Müller schon als Kind mit. „Kochen hat mir schon als Junge Spaß gemacht", erzählt Dieter Müller über seine schon frühe Leidenschaft. Und bescheiden fügt er hinzu: „Ich glaube, ich habe die richtige Berufswahl getroffen und bin meinem Vater, der mir dazu geraten hat, sehr dankbar dafür." Von seinen sechs Geschwistern arbeiten fünf in der Gastronomie.

Dieter Müller hat alles erreicht, was man als Koch erreichen kann. Schon 1988 wurde er vom Gault Millau unter die 16 besten Köche dieser Welt gewählt. Er erkochte zusammen mit seinem Bruder Jörg 2 Michelinsterne für die Schweizer Stuben und machte sie damit berühmt. Er war dreimal Koch des Jahres und 1997 erhielt er den sicher längst verdienten 3. Michelinstern. Heute gilt er für viele Gourmets in Deutschland als die Nr. 1 und weltweit als einer der ganz Großen. Im Jahr 2002 feierte Dieter Müller das 10. Jubiläum seines Restaurants im Schlosshotel Lerbach, dem er durch seine Kochkunst zu Weltruhm verhalf. Superlative mit Küchenkunst zu erringen, bedarf neben harter Arbeit, einer enormen Portion Fleiß und Durchhaltevermögen auch noch eines schier unbegrenzten Talents — und nicht zuletzt natürlich einer großen Liebe zu seinem Beruf.

Mit Intelligenz und absolutem Sinn für Ästhetik und Geschmackserlebnisse setzt Dieter Müller eigene Trends, statt jene aus den „hochdekorierten Küchen dieser Welt" zu kopieren. Seine Kreationen wie „Cappuccino von Curry und Zitronengras" oder die seinerzeit eigens für Eckart Witzigmanns runden Geburtstag entstandene „Crème brûlée von der Gänseleber" haben Kochgeschichte geschrieben. Zu einer echten Berühmtheit ist sein Ende der neunziger Jahre präsentiertes „Tonkabohneneis" geworden. Wir finden es auf den Speisekarten anderer nicht nur immer wieder, sondern auch immer öfter. Oder auch die völlig neue Präsentationsrichtung, die er mit seinem Amuse Bouche Menü etablierte: Dreierlei vom Fisch, Suppe, Hauptgang und sieben verschiedene Desserts in einem Menü. So verführt ein vollkommen auf dem Boden gebliebener sympathischer Küchenstar in den höchsten kulinarischen Himmel. Er versetzt selbst verwöhnteste Gaumen ins Schwärmen — und manche träumen sogar noch davon.

Seine Küche versteht er als reduzierte Leichtigkeit, versehen mit dem richtigen „Riecher und Geschmack für Aromen, Gewürze, hochwertigste Produktqualität". Von ihm als kulinarischer „Ziehvater" haben viele junge Köche vor allem die Lust am Spiel mit Tradition und Innovation gelernt, die Freude am Frischen, den Spaß am Verkuppeln von einfachen, aber qualitativ besten Grundprodukten mit Luxusprodukten.

Seine Küche unterliegt Einflüssen aus der ganzen Welt, er ist offen für alles. So spielt er mit mediterranen, asiatischen, französischen oder badischen Komponenten. Das kann man nur so eindrucksvoll umsetzen, wenn man die Landesküche vor Ort selbst probiert.

So hält es Dieter Müller auch noch heute: selber mit Hand anlegen in der Küche, ehrliche Herzlichkeit am Tisch des Gastes. Dabei verweist er selber stets auf die Wichtigkeit einer gut funktionierenden Mannschaft. Denn: Küchenarbeit ist Teamarbeit. Wobei Dieter Müllers Küche komplett ist: Sorgen um gute und lernwillige Arbeitskräfte, die anderen Ortes an der Tagesordnung sind, muss er sich nicht machen. Ein Zeugnis von Dieter Müller öffnet weitere Türen.

Ganz faszinierend ist, dass jemand, der die allerhöchsten Auszeichnungen erhalten hat und die deutsche Küche derart entscheidend mit geprägt hat, sich über ein Lob so freuen kann, als höre er es zum ersten Mal.

Manuela Ferling

Dieter Müller mit seinem Küchenchef Nils Henkel (links) und Frédéric Guillon, Chef Pâtissier.
Maître André Thomann mit seinem Käsewagen.

PROLOG

VORSPEISEN

ZUTATEN
für 4 Personen

8	große Gambas, mit Schale, ohne Kopf (frisch oder TK)

Salz und Zitronenpfeffer

Safran-Backteig

50 g	Eiswürfel
6 cl	Weißwein
1/2	Eiweiß
1 Msp.	Safranpulver
1 Pr.	Salz und Zucker
3–4 TL	Tempuramehl oder je zur Hälfte Mehl Type 405 und Speisestärke

Artischockensalat

2	große Artischocken
1	Zitrone
100 ml	kaltes Wasser
2 EL	Olivenöl
8	Erdbeeren, reif und fest
4	Basilikumblätter
1 EL	Olivenöl, kalt gepresst und mild
1 EL	Pinienkern- oder Nussöl
1 TL	weißer Balsamico

Saft von 1/2 Zitrone
Salz und Bergpfeffer

alter Balsamico
Basilikumblättchen

Pflanzenöl zum Frittieren

ZUBEREITUNG

Die Gambas aus dem Panzer ausbrechen, die Schwanzflosse aber daran lassen. An der Oberseite längs einschneiden, den Darm entfernen und mit Salz und Zitronenpfeffer würzen und kalt stellen.

Für den Safran-Backteig Eiswürfel, Weißwein, Eiweiß, Safran, Salz und Zucker mit dem Saucenstab mixen. Nun Mehl unterheben, die Masse sollte dickflüssig und kleine Mehlklümpchen noch sichtbar sein. Diesen Backteig ganz zum Schluss zubereiten und kühl halten.

Für den Artischockensalat von den Artischocken die Blätter etwa 2 cm über dem Boden abschneiden. Rundum nun das Äußere sauber zuschneiden und mit der halbierten Zitrone gut abreiben. Mit einem griffigen Löffel oder Kugelausstecher das Heu entfernen und die Böden schön sauber kratzen und ebenfalls mit Zitrone ausreiben. Das kalte Wasser mit dem Saft von 1/2 Zitrone (oder einer Messerspitze Vitamin C), 1 Prise Salz und 2 Esslöffeln Olivenöl verrühren. Nun die Artischockenböden hauchdünn hobeln (oder auf der Aufschnittmaschine schneiden) und sofort in die Marinade geben, damit sie nicht verfärben. Erdbeeren putzen und längs achteln. Die Basilikumblätter sehr fein schneiden und nun zusammen mit den abgetropften Artischockenscheiben in eine Schüssel geben und mit Olivenöl, Pinienkernöl, Balsamico, Salz und Bergpfeffer fein abschmecken.

Anrichten
Den Salat schön auf 4 Teller verteilen, den alten, dickflüssigen Balsamico als Punkte auf die Teller spritzen. Nebenbei die Gambas am Schwanz fassen und durch den Backteig ziehen. In 160 °C heißes Öl (Fritteuse) geben und etwa 3 Minuten knusprig backen. Auf die angerichteten Teller geben, mit Basilikum garnieren und servieren.

Artischocken

Achten Sie beim Kauf von Artischocken auf glänzend grüne, rötliche oder bronzefarbene Blätter, die sich für ihre Größe schwer anfühlen. Sie werden im Ganzen gekocht und man isst die fleischigen Unterteile der Blätter sowie den Blütenboden.

Salat von Artischocken mit Erdbeeren, Basilikum und gebackenen Gambas

Bretonischer Hummer mit Melonenkaltschale, Hummer-Eis und Pfeffer-Vanille-Rahm

Hummer

Der Hummer gehört zu den Krustentieren und kann ein Gewicht von bis zu 1,5 kg erreichen. Die Tiere müssen lebend gekauft und durch das Eintauchen in siedendes Wasser getötet werden, wobei sich der Hummer rot verfärbt. Falls die Tiere vorher verenden, dürfen sie nicht mehr zubereitet werden, da eine Eiweißvergiftung drohen kann.

ZUTATEN
für 4 Personen

2	Bretonische Hummer à 450 g (Sommermonate)

Pfeffer-Vanille-Rahm

1/2	Zitronengrasstange
100 ml	Noilly Prat
4 EL	Crème fraîche
1/2 TL	grob gemahlener, schwarzer Pfeffer
1 Pr.	Salz

Mark von 1/2 Vanillestange

Melonenkaltschale

1	Charantaismelone
4 cl	weißer Portwein
1 Msp.	Vitamin C
1/2 TL	fein geschnittener Estragon

Hummer-Eis

100 g	klein geschnittenes Zitronengras
5 cl	Noilly Prat
2,5 cl	weißer Portwein
2 g	Curry
1 l	Hummerfond (Rezept Seite 138)
250 g	Sahne
6	Eigelb
100 g	Zucker
2,5 cl	Cognac

Salz

ZUBEREITUNG

Für die Sauce das Zitronengras klein schneiden und mit dem Noilly Prat auf ca. 2 cl einköcheln lassen. Passieren, Vanillemark unterrühren und abkühlen lassen. Danach mit Crème fraîche, Pfeffer und Salz verrühren und mindestens 1/2 Stunde kühl stellen.

Für die Melonenkaltschale die Melone halbieren und die Kerne herausschaben. 4 Scheiben als Garnitur schneiden und kühl stellen. 4 EL Melonenkugeln ausstechen, restliches Melonenfleisch (ohne Schale) im Mixer mit Portwein und Vitamin C fein pürieren, passieren und kalt stellen.

Für das Hummer-Eis Zitronengras, Noilly Prat, und Portwein in einem Topf zusammen reduzieren, bis die Flüssigkeit fast eingekocht ist. Hummerfond auf 250 ml einkochen und mit Curry und Sahne zum Zitronengras geben, aufkochen und 10 Minuten ziehen lassen. Eigelb und Zucker über Wasserdampf schaumig schlagen, die passierte Hummersahne zufügen und zur Rose abziehen. Mit Salz und Cognac abschmecken, in der Eismaschine gefrieren und im Tiefkühlschrank aufbewahren.

Die Hummer in reichlich kochendem Salzwasser 4 1/2 Minuten siedend garen. Danach 20 Sekunden in Eiswasser abkühlen und schnell Schwanz und Scheren ausbrechen.

Anrichten
4 halbierte Hummerkopf-Krusteln auf kalte Teller platzieren, portioniertes Hummerfleisch anlegen und mit Pfeffer-Vanille-Sauce nappieren. In vorgekühlte Porzellanschälchen die Melonenkugeln mit Melonenkaltschale und Estragon anrichten und mit auf die Teller stellen. Ausgestochene Hummer-Eis-Nocken auflegen und mit Melonenscheiben servieren.

VORSPEISEN

Melone

Auf dem deutschen Markt werden viele verschiedene Melonensorten angeboten. Dabei unterscheidet man zwischen den Wasser- und den Zuckermelonen. Letztere lassen sich nochmals in 3 große Gruppen unterteilen, nämlich die Honig-, Netz- und Kantalupmelonen. Die Honigmelonen sind sehr aromatisch und fruchtig, ihr reifes Fleisch erinnert zumeist an Ananas. Netzmelonen werden so genannt wegen ihres netzartig aussehenden Hautüberzuges. Die veredelten Kantalupmelonen haben ein sehr süßes, orangefarbenes Fruchtfleisch. Melonen eignen sich besonders für kreative Kombinationen mit pikanten und süßen Gerichten.

VORSPEISEN

ZUTATEN
für 4 Personen

Schalottenrahm
2	Schalotten
1 Spritzer	weißer Balsamico
1 EL	Mayonnaise (Rezept Seite 142)
3 EL	Crème fraîche
1 Msp.	scharfer Senf
2 EL	Apfelwürfel
2 EL	gekochte Kartoffelwürfel
2 EL	gekochte Rote-Bete-Würfel
2 EL	Salatgurken in Würfel
1 Pr.	Pfeffer
1 EL	geschlagene Sahne

Saft von 1/2 Zitrone
Salz, Zucker und Pfeffer aus der Mühle

Matjesfilets
6	frische Matjesfilets, küchenfertig (Juni)
1 EL	Apfelwürfelchen
1 EL	fein gewürfelte Essiggurken
1/2 EL	Mayonnaise (Rezept Seite 142)
1/2 TL	Dillspitzen
4	runde Pumpernickelscheiben

etwas Butter
Salz und Pfeffer aus der Mühle

Salat
200 g	Nadelbohnen
4 EL	Salatsauce (Rezept Seite 145)

Salz und Pfeffer

ZUBEREITUNG

Für den Schalottenrahm die Schalotten schälen, längs vierteln und in 1 mm dicke Scheiben schneiden. Diese in kochendem Wasser mit einem Spritzer weißem Balsamico und Salz etwa 15 Sekunden blanchieren. In Eiswasser abkühlen, abschütten und gut ausdrücken. Mayonnaise, Crème fraîche und Senf in einer kleinen Schüssel verrühren und mit Salz, Zucker, Pfeffer und Zitronensaft fein abschmecken. Alle weiteren Zutaten bis auf die Sahne unterrühren und für mindestens 1 Stunde kühl stellen.

Nebenbei für den Salat die geputzten Böhnchen in kochendem Salzwasser bissfest kochen, in Eiswasser auskühlen lassen und auf ein Sieb schütten.
Von den Matjesfilets 2 in Würfelchen schneiden. Mit Apfel- und Gurkenwürfelchen, Mayonnaise und Dillspitzen vermischen und mit Salz und Pfeffer würzen. Nach Wunsch Pumpernickel mit Butter bestreichen und den Matjestatar aufstreichen.

Anrichten
Böhnchen mit Salatsauce, Salz und Pfeffer würzen, schön auf 4 Teller verteilen, Matjes platzieren. Schalottenrahm mit Schlagsahne vermischen, auf die Fischfilets verteilen und mit Tatar und Dillspitzen servieren.

Matjes

Matjes ist junger, noch nicht laichreifer Hering, der mild gesalzen wird und besonders zart schmeckt. Für Matjes werden jugendliche Tiere verwendet, die keinen erkennbaren Ansatz von Milch haben. Der Hering wird vor allem in Eichenholzfässern bei einem Salzgehalt zwischen 6 und 21 Prozent „mild gesalzen". Man verwendet ihn vorwiegend in der kalten Küche. Die beste Jahreszeit für die Matjeszubereitung ist der Juni.

Matjesfilet und Tatar auf
Nadelbohnen mit Schalottenrahm

VORSPEISEN

ZUTATEN
für 4 Personen

300 g	Lachsfilet, sauber pariert

Gewürzlachs-Beize
(Rezept Seite 137)

Spargelsaucen

je 16	weiße und grüne Spargelstangen
20 g	Butter
1 Pr.	Salz
1 Pr.	Zucker
6 EL	Crème fraîche
1 EL	grob geschnittene Petersilie

Salz und weißer Pfeffer aus der Mühle

Kerbel als Garnitur

ZUBEREITUNG

Das Lachsfilet beidseitig mit der Gewürzlachs-Beize bestreuen und über Nacht marinieren. Den Lachs danach vorsichtig abspülen, trockentupfen und zum Servieren in 8 Scheiben schneiden.

Für die Saucen den weißen Spargel schälen. Vom grünen Spargel nur das untere Drittel dünn schälen, holzige Enden abschneiden. Etwas Wasser mit Butter, Salz und Zucker zum Kochen bringen. Zuerst den weißen Spargel darin bissfest garen, danach den grünen. Nach dem Kochen jeweils in kaltem Wasser abschrecken. Von dem Spargel alle Spitzen abschneiden und beiseite stellen. Den restlichen weißen Spargel pürieren, durch ein Sieb passieren, mit 3 Esslöffeln Crème fraîche verrühren und mit Salz und Pfeffer abschmecken. Den restlichen grünen Spargel mit Petersilie pürieren, dadurch erhält die Sauce eine schönere Farbe, durch ein Sieb passieren und mit der restlichen Crème fraîche vermischen, ebenfalls abschmecken. Beide Saucen kühl stellen.

Anrichten
Die Spargelspitzen, die Saucen und den Gewürzlachs dekorativ anrichten. Durch die Spargelsaucen ein Muster ziehen und mit Kerbelblättchen dekorieren.

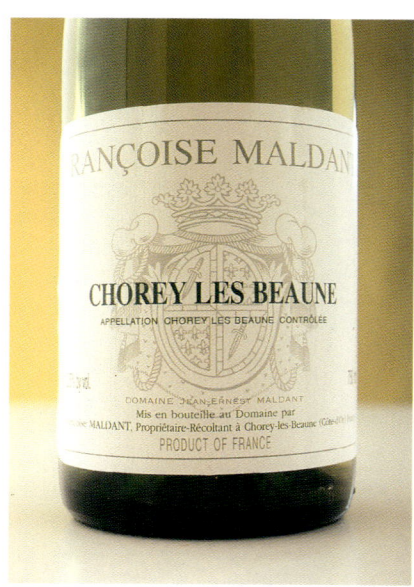

Mein Weintipp
1999 Chorey les Beaune
Domaine Maldant
Côte de Beaune

Es gibt Momente, da genießt man es richtig, am tosenden, von Unwettern durchzogenen Meer zu sitzen und dies in all seiner Aufregung zu bewundern. Da hat man auch die Muße, sich mit einem ebenso lauten Wein auseinander zu setzen, dessen Egoismus zu ertragen, ja sogar zu genießen. Doch dann gibt es wiederum Seelenlagen, in denen wir lieber an einem Fluss weilen, die Ruhe des gleichmäßig Strömenden genießen, daraus Kraft schöpfen. Es ist wesentlich ratsamer, dann zu einem Tropfen zu greifen, der genau diese Stimmung widerspiegelt. Einen Wein, der mit seinem harmonischen Körper, seiner weichen exotischen Frucht und einer angenehm sanften Mineralität die Ruhe, die in uns herrscht, bestätigt. Dessen gleichbleibend fließende Aromatik unsere Sucht nach Harmonie untermalt. Dann ist es auch angenehm, wenn die feine Säure des Chardonnays wie kleine Wellen Lichtblicke in das gleichmäßig kraftvolle Fließen zaubert. Dass Ruhe jedoch nicht mit Langeweile gleichzusetzen ist, merken wir, wenn wir ihm so konträre Gerichte wie den Gewürzlachs mit Spargel vor die Nase setzen. Wenn die erwünschte Frische des Rebensaftes sich mit der Zartheit des Spargels arrangiert, ohne in der Intensität sowohl der Marinade als auch der kräftigen Sauce zu ertrinken.

Gewürzlachsfilet mit Sauce und Spitzen von weißem und grünem Spargel

Thunfisch

Der rote Thunfisch wird auch der große Thunfisch genannt, weil er eine Größe von bis zu 3 m erreichen kann und bis zu 200—300 kg schwer wird.

Die Fische sind wegen ihres hervorragenden Fleisches sehr begehrt. Thunfisch-Steaks eignen sich besonders zum Braten und Grillen.

Marinierter Thunfisch mit Gurkenvinaigrette und Auberginenconfit

ZUTATEN
für 4 Personen

300 g	Thunfischfilet, frisch und von schöner, roter Farbe

Salz, Zucker und japanischer Bergpfeffer

Marinade

1/2 TL	geriebener Ingwer
6	fein geschnittene Korianderblätter
1/2 TL	Sesamöl
1/2 TL	Sojasauce

Auberginenconfit

1	Aubergine
etwas	Mehl
1 TL	weißer Balsamico
2 EL	Olivenöl
2	Basilikumblätter

Salz und weißer Pfeffer aus der Mühle

Gurkenvinaigrette

1/2	kleine Salatgurke
1/2 TL	geriebener Ingwer
6	fein geschnittene Korianderblätter
1/2 TL	weißer Balsamico
2 EL	Pinienkern- oder Nussöl

Salz, Zucker und weißer Pfeffer aus der Mühle

ZUBEREITUNG

Für die Marinade Ingwer, Koriander, Sesamöl und Sojasauce gut verrühren.

Thunfischfilet mit Salz, einer Prise Zucker und Bergpfeffer gut würzen und etwa 15 Minuten immer wieder drehen und in der Marinade ziehen lassen. Danach in Klarsicht- und Alufolie einrollen, straff eindrehen und mindestens einen Tag kalt im Kühlschrank marinieren lassen.

Für das Auberginenconfit die Aubergine längs in 4 mm dicke Scheiben aufschneiden. Mit Salz und Pfeffer würzen, mehlieren und in heißem Olivenöl beidseitig hellbraun, aber nicht trocken, braten. Danach abkühlen lassen, in kleine Würfel schneiden, mit Balsamico, Olivenöl, fein geschnittenem Basilikum, Salz und Pfeffer würzen und gut vermischen. Das Confit kann im verschlossenem Weckglas gekühlt mehrere Tage aufbewahrt werden.

Für die Gurkenvinaigrette die Gurke nur leicht schälen, halbieren und die Kerne mit einem kleinen Esslöffel rausschaben. Die Gurke in Würfelchen schneiden, etwa 5 Minuten mit Salz marinieren, den gebildeten Fond abgießen. Nun alle Zutaten zugeben, wenn nötig nachwürzen.

Anrichten

Das Thunfischfilet aus der Folie nehmen, etwa 10 Sekunden durch eine heiße Pfanne mit Olivenöl rollen, kurz abkühlen lassen und dann mit einem scharfen Messer in 8 Scheiben portionieren. Diese auf kalte Teller platzieren, Gurkenvinaigrette und Nocken vom Auberginenconfit auflegen und servieren.

VORSPEISEN

ZUTATEN
für 4–6 Personen

Crème brûlée
- 240 g Gänseleberterrine (Rezept Seite 136)
- 120 ml dunkler Geflügelfond (Rezept Seite 139)
- 100 ml Süßweinreduktion
- 2 Eier
- 2 Eigelb
- 230 g Sahne

Apfel-Sellerie-Salat (Rezept Seite 149)

feiner Rohrzucker zum Gratinieren
- 10 Physalis
- 1 Bd. Kerbelblättchen

ZUBEREITUNG

Für die Crème brûlée die Gänseleberterrine im Mixer mit dem warmen Geflügelfond und der Alkoholreduktion fein pürieren und nach und nach Eier und Eigelb zufügen. Zum Schluss die Sahne untermixen, die Masse durch ein Sieb passieren und in kleine Porzellanförmchen füllen. Bei 90 °C 1 Stunde im Wasserbad im Backofen pochieren. Die Crème für einige Stunden durchkühlen lassen.

Anrichten
Die Crème brûlée mit feinem Zucker bestreuen und mit einem Gasbrenner gratinieren.
Den Apfel-Sellerie-Salat auf eine Gabel drehen und in die Mitte setzen, mit Physalisspalten, einer ganzen Physalis und Kerbelblättchen dekorieren.

Gänseleber

Stopfleber ist nicht billig, deswegen sollte man beim Einkauf besonders auf gute Qualität achten. Hat die Stopfleber im Anschnitt einen grauen Rand, kann dies auf eine schlechte Lagerung oder eine ältere Lieferung hindeuten, da die Stopfleber sehr licht- und luftempfindlich ist.

Crème brûlée von Gänseleber mit Apfel-Sellerie-Salat

Entenleberparfait mit Kürbiskrokant und Kürbis-Aprikosen-Chutney

VORSPEISEN

ZUTATEN
für 8 Personen

500 g	Entenleber, geputzt (oder Geflügelleber)
1	Thymianzweig
4 cl	Cognac
4 cl	roter Portwein
10 g	Pökelsalz
200 g	Pilze (Pfifferlinge, Shitake-Pilze und Champignons)
1 EL	Butterschmalz
1	Apfel, in Stückchen geschnitten und angeschwitzt
3	Eier
500 g	geklärte Butter
10	sehr dünne Scheiben grüner, ungeräucherter Speck
100 ml	Portweingelee (Rezept Seite 140)
Salz und Pfeffer aus der Mühle	
8	Kürbiskrokanttüten (Rezept Seite 146)
8 TL	Apfel-Sellerie-Salat (Rezept Seite 149)
8 TL	Kürbis-Aprikosen-Chutney (Rezept Seite 150)
4 EL	Kürbiskernöl
8	Scheiben Kürbiskern-Brioche (Rezept Seite 146)

ZUBEREITUNG

Die Entenleber mit Thymian, Portwein, Cognac und Pökelsalz etwa 2 Stunden kühl marinieren.

In der Zwischenzeit die Pilze säubern und in Würfel schneiden, diese in Butterschmalz anbraten, mit Salz und Pfeffer würzen und kühl stellen.

Die marinierte Entenleber mit Äpfeln und Eiern im Mixer pürieren, die geklärte Butter langsam in die Lebermasse einmixen und durch ein Sieb passieren. Die Masse mit Salz und Pfeffer abschmecken.

Eine Terrinenform mit dem grünen Speck auslegen, die Hälfte der Lebermasse einfüllen, dann die Pilzwürfel darauf verteilen und die restliche Masse einfüllen. Nun im Wasserbad im Ofen bei 100 °C etwa 90 Minuten garen. Die Terrine erkalten lassen, stürzen und mit einem heißen Messer in Scheiben schneiden. Mit warmem Portweingelee überziehen und nochmals kalt stellen.

Anrichten
Die Kürbiskrokanttüten auf den Teller setzen und mit Apfel-Sellerie-Salat füllen. Auf jeden Teller eine Scheibe Entenleberparfait und eine Nocke Kürbis-Aprikosen-Chutney platzieren. Mit Kürbiskernöl einen Faden auf den Teller ziehen und mit getoasteten Kürbiskern-Brioches servieren.

Mein Weintipp
1999 Gewürztraminer
„Sonnenglanz"
Grand Cru
Domaine Bott Geyl, Elsass

Ein Wein, welchen man wohlwollend als die Kontroverse der Weinwelt bezeichnen kann. Denn er präsentiert sich phantastisch geradlinig, laut primär und vollendet auf der einen Seite, zart schmelzig, verspielt und doch unglaublich tiefgründig auf der anderen Seite. Ein Tropfen, welcher sich trotz seines gefestigten Charakters devot seinem Herausforderer, seinem Forscher ergibt. Ein unglaubliches Spiel von Süße, Säure, Frucht und Würze lassen die Emotionen beim Genuss hin und her schwingen. Denn so kann er sich einpendeln auf die verschiedenen Intensitäten seiner hoffentlich ständig wechselnden Begleiter. Fast spielend besänftigt er dabei nebenher beispielsweise die Schärfe des Blauschimmels, harmonisiert die Frische des Ziegenkäses, unterstützt den Rotschmierkäse in seiner cremigen, versteckten sanften Art. Und wie kein anderer findet er in der Basis zum Entenleberparfait, vereint sich im Inneren mit der Marinade um die Leber als solche sich selbst zu überlassen.

Mein Weintipp
1999 St. Aubin „En Remilly"
Premier Cru Domaine Marc Colin Côte de Beaune

Der Montrachet für jeden Tag. Mit dieser paradox-dekadenten Formulierung begann der noch recht jugendliche Siegeszug der Appellation St. Aubin, im Speziellen der Lage „En Remilly". Was nicht unbedingt von Nachteil ist, denn schließlich greift man nach den Sternen, vergleicht man ihn hierbei mit einem der größten Weine, dem bekanntesten des weißen Weinuniversums. Und doch muss man ohne falsche Bescheidenheit sagen, wird man ihm so einfach nicht gerecht. Gemeinsamkeiten sind erkennbar, natürlich. Man springt mit genügend Anlauf von einer Lage in die andere. Doch schon beim ersten Probieren wird uns bewusst, dass der Vergleich hinkt, und wohl mehr an die berühmten Äpfel und Birnen erinnert. Bereits beim ersten Gaumenkontakt überrascht er uns mit seiner unvergleichbaren Individualität. Rauchig und ungeheuer dicht steht er da. Geprägt von Akazie, Birnen, Nüssen und Keksaromen. Der feine Schmelz, der den Chardonnay umgibt, schmiegt sich außergewöhnlich gut an eingelegte geschmacksintensive Gerichte wie die Rinderfiletscheiben oder den marinierten Thunfisch mit Auberginenconfit. Er inkludiert die Säure der Marinade vollkommen, sieht diese eher als Bereicherung, statt sich ihrer zu erwehren.

Marinierte Rinderfiletscheiben mit Thunfisch-Limonen-Crème und Salat von Pfifferlingen und Aprikosen

VORSPEISEN

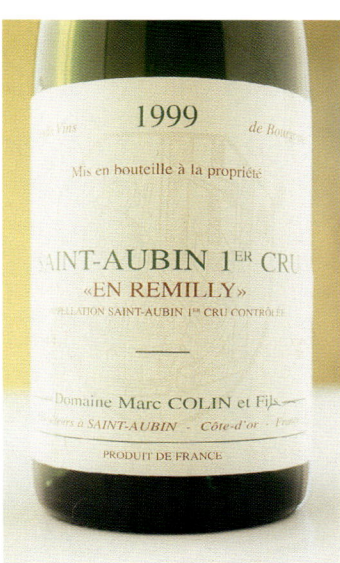

ZUTATEN
für 4 Personen

400 g	pariertes Rinderfilet vom Mittelstück
2 EL	kaltgepresstes Olivenöl
30 g	fein gehackte Gartenkräuter: Petersilie, Kerbel, Basilikum, Estragon und wenig Thymian

Salz und Pfeffer aus der Mühle

Salat
200 g	frische, kleine Pfifferlinge
1	reife und feste Aprikose
1	Dörraprikose

Salatspitzen von Rukola, Frisée und Löwenzahn

1 TL	Schalottenwürfel
1	Thymianzweig
2 EL	Walnussöl
1 Spritzer	weißer Balsamico

Salz und Pfeffer aus der Mühle

Thunfisch-Limonen-Crème
2	Eigelb
1 EL	lieblicher Weißwein
1 cl	weißer Balsamico
1/2 TL	Dijonsenf
2	Sardellenfilets oder 2 TL Sardellenpaste
200 g	Thunfischstücke, in Olivenöl eingelegt (Konserve)
8	Basilikumblätter
150 ml	Olivenöl, kaltgepresst und gekühlt
1 Spritzer	Tabasco

Saft von 1 Limone

2 EL	violetter Senf

ZUBEREITUNG

Das Rinderfilet mit Salz und Pfeffer würzen, mit Olivenöl rundum einreiben. Nun das Filet durch die Kräuter rollen, dadurch bleiben sie haften. Jetzt auf eine ausgebreitete Klarsichtfolie legen und straff einrollen. Anschließend nochmal fest in Alufolie wickeln, diese an den Enden zudrehen und nun im Tiefkühlfach frieren lassen. Das Rinderfilet bereits am Vortag zubereiten.

Für den Salat die Pfifferlinge putzen, kalt abspülen, schleudern, wenn nötig klein schneiden. Die Aprikosen in Streifen schneiden. Die Salate zupfen, waschen und schleudern.

Für die Thunfisch-Limonen-Crème Eigelb, Weißwein, Balsamico, Dijonsenf, Abrieb und Saft der Limone, Sardellenfilets, Thunfischstücke und Basilikumblätter im Mixer fein pürieren. In die rotierende Masse langsam das Olivenöl laufen lassen. Die dickflüssige Sauce passieren, mit Salz und Tabasco sehr würzig abschmecken und im Weckglas abgedeckt kalt stellen.

Anrichten
Das Filet etwa 10 Minuten vorher aus dem Kühlfach nehmen. Dann auspacken, auf der Aufschnittmaschine dünn aufschneiden und sofort auf kalte Teller auslegen. Die Filetscheiben mit Salz und Pfeffer würzen und mit Olivenöl bepinseln. Am Rand etwa 2 cm breit die Thunfischsauce dünn auftragen. Eine Spritztüte mit violettem Senf füllen, diesen als Faden in die Thunfischsauce ziehen und mit einem Holzspieß dekorieren.
Nebenbei Schalotten, Thymianzweig, Aprikosen und Pfifferlinge in heißem Olivenöl 1 Minute schwenken und abkühlen lassen. Salatspitzen, die sautierten Pilze mit Nussöl, Balsamico, Salz und Pfeffer vorsichtig vermischen und schön mittig auf die Filetscheiben platzieren. Auf Wunsch mit Kräutern und Blüten servieren.

Entenleber

Die Stopfleber sollte vor der Verarbeitung zuerst auf grüne Flecken überprüft werden. Diese kommen über Adern von der Galle und sollten großzügig herausgeschnitten werden, da sie einen bitteren Geschmack hinterlassen.

Terrine von der Maispoularde mit Entenleber und Feigenconfit

VORSPEISEN

ZUTATEN
für 4 Personen

Maispoularde
150 g	Maispoulardenbrust, ohne Haut, Fett und Sehnen
3 g	Salz
120 g	Sahne
1 Msp.	Pastetengewürz (Rezept Seite 137)
80 g	geräucherte Entenbrust
80 g	Entenfleisch
1 EL	Pistazien
10	Shitake-Pilze
1 EL	Walnussöl
120 g	rohe Entenstopfleber
8–10	sehr dünne Scheiben grüner, ungeräucherter Speck

Salz
Pastetengewürz
Cognac und Portwein

Feigenconfit
1 TL	Thymianhonig
100 ml	roter Portwein
100 ml	Rotwein
1	Thymianzweig
1	Rosmarinzweig
4	getrocknete Feigen
1 TL	Feigensenf

Salz und Pfeffer

Kräuter und Gewürze zum Dekorieren

ZUBEREITUNG

Für die Terrine die Poulardenbrust in Würfel schneiden, das Salz zufügen und im Gefrierfach anfrieren, die Sahne separat anfrieren. Das Fleisch in einer Küchenmaschine cuttern, dann nach und nach die Sahne untermixen, so dass eine glänzende Farce entsteht, diese mit Pastetengewürz kräftig abschmecken und kühl stellen. Die geräucherte Entenbrust fein würfeln, das Entenfleisch fein hacken und die Pistazien quer halbieren. Die Shitake-Pilze in Würfel schneiden und in Walnussöl kräftig anbraten, würzen und kalt stellen.
Die Entenstopfleber von Nerven und Äderchen befreien und mit Salz, Pastetengewürz, Cognac und Portwein marinieren und einige Stunden im Kühlschrank ziehen lassen.
Eine kleine Terrinenform mit Speckscheiben auslegen und 2—3 Scheiben zum Abdecken aufheben.
Nun alle Zutaten bis auf die Leber unter die Farce mischen und die Hälfte davon in die Terrinenform einfüllen, die Entenleber etwas in Form bringen, auf die Farce legen und gut andrücken, zum Schluss die restliche Farce darauf streichen und die Form von unten anklopfen, damit Luft entweichen kann. Die Terrine mit den restlichen Speckscheiben belegen und mit Kräutern und Gewürzen dekorieren.
Die Terrine mit einem Deckel oder mit Folie verschließen und im Wasserbad im Ofen bei 150 °C etwa 40 Minuten garen, die Kerntemperatur sollte bei 55 °C liegen.

Für das Feigenconfit den Thymianhonig in einem Topf karamellisieren und mit Portwein, Rotwein und Kräutern aufkochen und die Feigen darin quellen lassen. Die Feigen dann fein hacken und mit dem passierten Fond zu einem Confit einkochen und mit Feigensenf, Salz und Pfeffer fein abschmecken.

Anrichten
Die ausgekühlte Terrine aus der Form nehmen, in Scheiben schneiden und mit dem Feigenconfit servieren. Dazu passt gut ein Feigen-Rosmarin-Brioche (siehe Rezept Seite 146).

Mein Weintipp
1999 Aloxe-Corton
Domaine Cachat-Orquidant
Côte de Beaune

Die Nuss von der Côte d'Or. Anfangs vielleicht etwas hart klingend, beschreibt dieses Synonym den Aloxe-Corton mit nur einem Wort perfekt. Denn mit einer Schale könnte man das Tanninkleid, welches den Wein umgibt, vergleichen. Ein Gewand, das ihn schützen, das Angreifer, Genusssüchtige durch seine schroffe Art abwehren soll, um ihm noch ein paar Jahre der Reife zu gewähren. Um jedoch ehrlich zu sein, bedarf es nur wenig Hartnäckigkeit um die Diebstahlsicherung zu überwinden. Den Lohn für seine Beharrlichkeit erhält der Eindringling schneller als erwartet. Sinnlich und verführerisch macht der Aloxe-Corton fast schwindelig mit seinen betörenden Nuancen nach den Schwarzkirschen, Erd- und Brombeeren aus den Gärten des Paradieses. Zartes und zugleich geschmackintensives Fleisch wird am schnellsten mit ihm sympathisieren. Die Terrine von der Maispoularde oder das pochierte Kalbsfilet hätten ohne Zweifel einen Zweitnamen verdient: Nussknacker.

Mein Weintipp
Agrapart
„Blanc de blancs"
Grand Cru — Avize
Champagne

Deutlich mehr als die Hälfte aller Champagner werden vor dem eigentlichen Menü als Aperitif genossen. Leider entsprechen die meisten der hierfür ausgewählten Schaumweine nicht dem eigentlichen Anlass. Sie sind viel zu schwer, zu heftig, zu aromenlastig und strapazieren die Geschmacksnerven zusätzlich anstatt den Weg zu ebnen für all die Freuden, die sich ankündigen.
Die Aufgabe des Aperitifs im klassischen Sinn ist es ja, den Gaumen, die Sinne und den Geist auf die bevorstehenden Speisen vorzubereiten, die Seele zu beleben, den Mund regelrecht reinzuwaschen.
Ein femininer Körper sollte ihm verliehen sein, die zart verspielte Säure selbigen wiederum auflockern, Magen und Verdauung anregen und somit richtig Appetit machen. Nicht nur der Harmonie halber sollte er dominiert sein von zitrusartigen, gelbfruchtigen Aromen. Welche der klassischen Rebsorten der Champagne kann diesen Forderungen besser gerecht werden als der Chardonnay?

BUNTER BLATT-ROHKOST-SALAT MIT JOGHURT-KRÄUTER-DRESSING

ZUTATEN
für 4 Personen

1	Eisbergsalat
1	kleiner Lollo Rosso
100 g	kleiner Feldsalat oder Rucola
1	Chicoree
1	Karotte
1/4	Sellerieknolle oder 2 Staudenselleriestangen

Salatdressing

100 g	Joghurt (3,5 % Fett)
2 EL	Olivenöl
2 EL	Walnuss- oder Pinienkernöl
1 EL	Meerrettich (Glas)
1/2 EL	mittelscharfer Senf
1 TL	Vitam R (Brotaufstrich aus dem Reformhaus)

Saft von 1 Zitrone oder weißer Balsamico

1	Hand frische Gartenkräuter: Zitronenmelisse, Petersilie, Basilikum, Kerbel, Pimpinelle, Schnittlauch und wenig Liebstöckel
1 Pr.	Zucker
Salz	
8	Tomatenkirschen

ZUBEREITUNG
Eisberg und Lollo Rosso gleichmäßig zupfen, kalt waschen, trockenschleudern und kühl stellen. Feldsalat oder Rucola putzen, waschen, trockenschleudern und kühl stellen. Chicoree längs halbieren, in Rauten schneiden und in lauwarmem Wasser etwa 8 Minuten ziehen lassen, dadurch werden die Bitterstoffe gemildert, danach schleudern. Karotte und Sellerie schälen und mittelfein reiben.

Für das Dressing alle Zutaten in eine große Schüssel geben, gut verrühren und würzig abschmecken. Nun Karotte, Sellerie, Chicoree und Eisberg zugeben und gut mit der Sauce vermischen. Erst im letzten Moment Lollo Rosso und Feldsalat dazugeben und mit Salatbesteck vorsichtig vermischen.

Anrichten
Den Salat auf Teller verteilen und mit geviertelten Tomatenecken garnieren. Diesen vitaminreichen, köstlichen Salat habe ich über meine Großmutter schätzen und schmecken gelernt. Selbst meine Kinder bereiten mit großer Freude diese Salatsauce zu.

Tipp
Privat essen wir den Salat am liebsten mit Pellkartoffeln und frischer Butter als Mittagsmahlzeit.

VORSPEISEN

SYLTER ROYAL-AUSTERN MIT ROTWEINSCHALOTTEN-VINAIGRETTE

ZUTATEN
für 4 Personen oder 24 Amuse bouche Portionen

24   Sylter Royal Austern

Rotweinschalotten
4 EL   Schalottenwürfel
10 g   Butter
40 ml   roter Portwein
20 ml   Madeira
100 ml   lieblicher Rotwein
1   Thymianzweig
Salz und weißer Pfeffer aus der Mühle

Vinaigrette
4 EL   Rotweinschalotten
6 EL   Austernsaft
1 Spritzer weißer Balsamico
2 EL   Nussöl
1 TL   fein geschnittener Estragon
Salz und weißer Pfeffer aus der Mühle

ZUBEREITUNG
Für die Rotweinschalotten die Schalotten in heißer Butter schwenken, mit Portwein, Madeira, Rotwein und Thymianzweig bedecken. Nun dickflüssig einköcheln lassen, mit Salz und Pfeffer abschmecken, den Thymianzweig entfernen und kalt stellen. Die Austern mit einem Austernmesser öffnen und den Austernsaft auffangen. Das gelöste Muschelfleisch wieder in die Schalen legen. Nebenher für die Schalotten-Vinaigrette alle Zutaten gut verrühren, fein abschmecken und über die vorbereiteten Austern verteilen und kühl servieren. Nach Wunsch können die Austern mit Parmesangebäck (Rezept Seite 148) serviert werden.

GEBACKENE FRÜHLINGSROLLEN VON DER ENTE MIT PFLAUMEN-INGWER-DIPP

ZUTATEN
für 4 Personen oder 16 Amuse bouche Portionen

250 g   Entenfleisch von geschmorten Entenkeulen
50 g   Karotten- und Lauchjulienne, in Streifen geschnitten
2   gewürfelte Shitake-Pilze
50 g   Sojasprossen
50 g   gekochte Glasnudeln
1 Msp.   geriebener Ingwer
4 Blatt   Frühlingsrollenteig, 21 x 21 cm
1 Msp.   Curry
1 Msp.   Tandooripaste
1/2 TL   Sojasauce
1/2 TL   Zitronengraswürfelchen und frische Korianderblätter
1 Spritzer Tabasco
1   Eiweiß
Salz und japanischer Bergpfeffer
Erdnussöl

Pflaumen-Ingwer-Dipp
100 ml   roter Portwein
100 ml   Rotwein
100 g   getrocknete und entsteinte Pflaumen
1 TL   geriebener Ingwer
50 ml   süßscharfe Chillisauce
1 EL   Sojasauce
1 EL   Ketjap Manis
1 Msp.   Wasabipulver

ZUBEREITUNG
Für die Frühlingsrollen Entenfleisch fein würfeln. Die Gemüsestreifen mit Shitake-Pilzen und Sojasprossen kurz anschwitzen und mit den Glasnudeln, dem Ingwer und den Gewürzen zu einer kompakten Masse vermischen und sehr würzig abschmecken. Den Frühlingsrollenteig auf eine Größe von 10 x 10 cm schneiden, die Ränder mit Eiweiß bepinseln und jeweils einen Teelöffel der Masse mittig darauf geben. Nun links und rechts einen kleinen Rand umschlagen und die Masse stramm in den Teig rollen.

Für den Pflaumen-Ingwer-Dipp den Portwein und den Rotwein aufkochen und heiß auf die Pflaumen gießen, diese für 2 Stunden aufquellen lassen. Nun die Pflaumen mit den restlichen Zutaten in einer Küchenmaschine fein mixen und durch ein Sieb streichen. Die Konsistenz des Dipp hängt vom Zustand der Pflaumen ab, wer möchte, kann den Dipp mit etwas Sojasauce oder Geflügelfond flüssiger machen.

Anrichten
Die Frühlingsrollen bei 170 °C etwa 3 Minuten in Erdnussöl frittieren und zusammen mit dem Pflaumen-Ingwer-Dipp zum Aperitif oder Amuse bouche reichen.

Tipp
Mit Blattsalaten und sautierten Shitake-Pilzen wird daraus auch eine schöne Vorspeise.

VORSPEISEN

SÜLZE VON MILCHFERKEL UND KALBSZUNGE MIT SPARGELSALAT

ZUTATEN
für 15 Personen

1	gepökelte Milchferkelschulter
1	kleine gepökelte Kalbszunge
2	Schalotten
1	Staudenselleriestange
1	Petersilienwurzel
1	Karotte
1/2	Lauchstange
1	Thymianzweig
10	Pfefferkörner
2	Lorbeerblätter
1/2 TL	Senfkörner
10 cl	weißer Balsamico
150 g	grob gewolfte Rinderhesse
1	Eiweiß
15	Blatt Gelatine pro Liter

Salz und Pfeffer

2	Kerbelzweige
180 g	bissfest gekochte Gemüsewürfel: Lauch, Sellerie, Karotten
1/2	gewürfelte Salatgurke
2 EL	gehackter Kerbel

Spargelsalat

je 30	Stangen weißer und grüner Spargel
2	Eiertomaten
20 ml	Kräuteressig
150 ml	Traubenkernöl
2	gewürfelte Schalotten
5 EL	gehackter Schnittlauch
5 EL	gehackte Petersilie
1	Friséesalat

Salz, Zucker und Pfeffer aus der Mühle

ZUBEREITUNG

Die Milchferkelschulter und die Kalbszunge mit Wasser bedecken, Gemüse zufügen und etwa 40 Minuten köcheln lassen, dann Kräuter, Gewürze und etwas Essig zugeben und das Fleisch so lange weiterköcheln lassen, bis es weich ist. Nach dem Garen die Knochen aus der Schulter entfernen und die Haut von der Zunge abziehen, beides kalt stellen.
Nachdem das Fleisch ausgekühlt ist, wird es in Würfel geschnitten. Vom Fond 1 Liter abmessen und mit Salz, Pfeffer und weißem Balsamico kräftig abschmecken. Den Fond mit der gewolften Rinderhesse und Eiweiß langsam aufkochen und auf kleiner Flamme noch 10 Minuten ziehen lassen. Dann durch ein feines Tuch passieren, auf 1 Liter Fond 15 Blatt Gelatine einweichen und im Fond auflösen. Den Fond nochmals abschmecken, aber keinen Balsamico mehr verwenden, da der Fond dadurch trüb werden kann.
Eine Terrinenform auf Eiswasser mit einem Geleespiegel von 3 mm ausgießen, Kerbelblätter darauf geben. Dann nach und nach mit den Fleischwürfeln, den Gemüse- und Gurkenwürfeln sowie gehacktem Kerbel füllen. Gelee aufgießen und mindestens 1 Tag durchkühlen lassen.

Für den Spargelsalat den weißen Spargel schälen und in kochendem Wasser mit Salz und 1 Prise Zucker kochen. Grünen Spargel unten anschälen, im Salzwasser gar kochen und in Eiswasser abschrecken. Den Spargel schräg in Stückchen schneiden, die Spitzen als Dekoration verwenden. Die Eiertomaten in kochendem Salzwasser blanchieren, in Eiswasser abschrecken, die Haut abziehen, entkernen und würfeln. Von Essig, Öl, Schalottenwürfeln und Kräutern eine Vinaigrette herstellen. Mit Salz und Pfeffer aus der Mühle abschmecken. In diese Vinaigrette die Tomatenwürfel und den Spargel geben.

Anrichten

Die Terrinenform kurz in heißes Wasser tauchen, stürzen und die Sülze mit einem sehr scharfen Messer oder einem Elektromesser in Scheiben schneiden. Spargelsalat auf die Teller geben, Spitzen von Spargel und Friséesalat außen herum legen und die Sülze auf dem Salat anrichten.

Mein Weintipp
1999 Gevrey-Chambertin
Domaine Henri Rebourseau
Côte de Nuits

Seine Weinberge nannten alle nur „Le Champ de Bertin". Doch wenn der alte Bertin damals vor Hunderten von Jahren schon erahnt hätte, dass sein Name einmal die Patenschaft für den künftigen König der Weine, den Wein der Könige übernehmen würde, übergeschnappt wäre er. Oder er hätte einfach nur geträumt, wie „sein" Wein einmal sein sollte. Wenn er sich in seiner Phantasie einen Wein ausgemalt hätte, dieser hätte durch Sinnlichkeit und Transparenz bestochen. Ein Wein, der zart und zugleich breitschultrig gewandet, im Spiel von saftiger Kirsche, Pflaume und zarten Veilchen um die Gunst des Bacchusbruders ringt. Damit er diesen mit einzigartigen, immer wiederkehrenden Aromaspielen an sich fesselt. Wir müssten ihm einfach verraten, dass es künftig einen Jüngling namens Jean de Surrel geben wird, der aus dem Erbe seines Großvaters heraus seine Illusion realisiert. Wir wären stolz, ihm genau diesen Wein zu reichen. Würden eine deftige Sülze von Milchferkel und Kalbszunge, danach ein Schweinefilet im Kräutercrêpe servieren, um mit ihm und seinem ganzen Dorf das Fest seines Lebens zu feiern.

Suppen

Tipp

Bei der Zubereitung von Muscheln sollte man auf zwei Dinge achten: die rohen Muscheln sollten fest geschlossen sein, die gekochten Muscheln sollten geöffnet sein.

Ist weder das eine, noch das andere während der Zubereitung gegeben, ist die Frische und damit der Genuss der Muscheln nicht mehr garantiert.

Pot au feu von Bouchotmuscheln und Gemüse

SUPPEN

ZUTATEN
für 4 Personen

2 kg	Bouchotmuscheln
1/2	Knoblauchzehe
1	mittelgroße Fenchelknolle mit Grün
1	mittelgroße Karotte
1	kleine Lauchstange
100 g	Staudensellerie
2	Schalotten
20 g	Butterschmalz oder geklärte Butter
1	Thymianzweig
25 cl	trockener Weißwein
25 cl	Fischfond (Rezept Seite 138)
300 g	Sahne (30 % Fett)
1 Msp.	Safranfäden
80 g	kalte Butterwürfel
2 cl	Pernod

Saft von 1 Zitrone
Salz und weißer Pfeffer aus der Mühle

1	gewürfelte Tomate
1 TL	fein geschnittener Estragon

ZUBEREITUNG

Von den Muscheln die herausstehenden Bärte entfernen und gut kalt abspülen. Die Knoblauchzehe schälen, den Fenchel putzen. Das Fenchelgrün für die Garnitur beiseite stellen. Die Fenchelherzen in feine Streifen schneiden, die geschälte Karotte, den gewaschenen Lauch und das Schönste vom Staudensellerie in Rauten scheiden, alles bissfest blanchieren und beiseite stellen. Das Äußere vom Fenchel, den restlichen Sellerie, die Abschnitte vom Lauch und die geschälten Schalotten zerkleinern.

Das Butterfett erhitzen und die Muscheln darin anschwitzen. Den Knoblauch, das zerkleinerte Gemüse und den Thymian zufügen und 1 Minute mitschwenken. Mit Wein ablöschen, mit Fischfond auffüllen und zugedeckt etwa 5 Minuten köcheln lassen, bis sich alle Muscheln geöffnet haben.
Die Muscheln mit einer Schaumkelle herausheben und das Fleisch aus den Schalen lösen. Den Fond durch ein Sieb gießen, wieder erhitzen und auf die Hälfte der Flüssigkeit einkochen. Die Sahne und den Safran unterrühren und wieder etwas reduzieren. Bei milder Hitze die Butter zufügen und bis zur leichten Bindung einköcheln. Mit Zitronensaft, Salz, Pfeffer und Pernod abschmecken.

Anrichten
Das Muschelfleisch, das blanchierte Gemüse, die Tomatenwürfel und den Estragon in die Suppe geben, kurz heiß werden lassen und auf vorgewärmte Teller verteilen.

SUPPEN

ZUTATEN
für 4 Personen

12	Flusskrebse
1 Spritzer Essig	

Zuckererbsencrème

4 cl	Noilly Prat
400 ml	heller Geflügelfond (Rezept Seite 139)
400 ml	Sahne 30 % Fett
200 g	Zuckererbsen, TK
1/2 Bd.	krause Petersilie
50 g	kalte Butterwürfel
12	Zuckerschoten
Salz und Zucker	

Krebssauce

400 ml	Krebs- oder Krustentierfond (Rezept Seite 138)
80 g	Butter
2 cl	weißer Portwein
1 cl	Cognac
1 Spritzer Tabasco	
Salz	
1 EL	geschlagene Sahne
Zuckererbsen als Garnitur	

ZUBEREITUNG

Die Flusskrebse in kochendes Salzwasser mit etwas Essig geben und darin etwa 3 Minuten ziehen lassen, dann ausbrechen und den Darm entfernen.

Für die Zuckererbsencrème Noilly Prat reduzieren und mit Geflügelfond und Sahne aufkochen, dann die Erbsen zugeben und im Mixer mit der gezupften Petersilie sehr fein pürieren. Zum Schluss die kalten Butterwürfel untermixen, durch ein Sieb passieren und nochmals aufkochen. Die Suppe mit Salz und Zucker abschmecken.
Die Zuckerschoten dekorativ zuschneiden, kurz in kochendem Salzwasser blanchieren und in Eiswasser abschrecken.

Für die Krebssauce den Fond auf 150 ml reduzieren und mit Butter schaumig aufmixen. Mit Portwein, Cognac, Salz und Tabasco abschmecken.

Anrichten
Die warmen Flusskrebsschwänze und Scheren mit der geschlagenen Sahne in tiefe Teller geben und die aufgeschäumte Suppe angießen. Die erwärmten Zuckerschoten dekorativ anrichten und die Krebsschwänze mit etwas aufgeschäumter Krebssauce nappieren. Mit einzelnen Zuckererbsen dekorieren.

Flusskrebse

Flusskrebse sind heutzutage eine begehrte Delikatesse. Von den über 300 verschiedenen existierenden Arten, die nur im Süßwasser leben, finden sich 250 in Nordamerika. In ihrem Gewicht und ihrer Größe können die verschiedenen Arten von Flusskrebsen stark variieren. Die Flusskrebse, die bei uns im Handel angeboten werden, kommen zumeist aus der Türkei. Hier ist das gegen Umwelteinflüsse recht anfällige Tier häufig zu finden.

Crème von Zuckererbsen mit Flusskrebsen

Kartoffeln

Kartoffeln sind ein lebendes Gemüse, deshalb sollte bei ihrer Lagerung auf ein trockenes, aber gut durchlüftetes Klima geachtet werden. Ebenfalls zu vermeiden ist Licht, denn bei Licht bilden die Kartoffeln das giftige Solamin, zu erkennen an den grüngefärbten Stellen und an den Keimen. Daher müssen diese vor der Verwendung herausgeschnitten werden.

Spinat-Kartoffel-Suppe mit Eigelb-Ravioli und weißem Trüffel

ZUTATEN
für 4 Personen

Spinat-Kartoffel-Suppe
1	Kartoffel von 90 g
1 EL	gewürfelte Schalotten
30 g	Butter
300 ml	Geflügelfond (Rezept Seite 139)
200 g	Blattspinat
50 g	Blattpetersilie
1	Thymianzweig
200 g	Sahne
6 cl	Weißwein

Salz und weißer Pfeffer aus der Mühle

Eigelb-Ravioli
150 g	Blattspinat
80 g	Nudelteig (Rezept Seite 147)
5	frische Eier aus Freilandhaltung
1	weißer Trüffel 15–20 g, sauber gebürstet
1/2 TL	Trüffelöl

Salz und Pfeffer nach Wunsch

ZUBEREITUNG

Für die Spinat-Kartoffel-Suppe die Kartoffel schälen, würfeln und mit den Schalottenwürfeln in der Butter anschwenken. Mit dem Geflügelfond auffüllen und kochen, bis die Zutaten beginnen weich zu werden. Den geputzten und gewaschenen Spinat in kochendem Salzwasser etwa 15 Sekunden blanchieren, kalt abschrecken und sehr gut ausdrücken. Den Spinat mit der Sahne zu dem Kartoffelfond geben, einmal aufkochen und nun alles mit Petersilie und Thymian im Mixer fein pürieren. Durch ein Sieb passieren und zum Servieren nochmals aufkochen, mit etwas Salz, Pfeffer und Weißwein fein abschmecken.

Für die Ravioli den Spinat wie oben beschrieben blanchieren, sehr gut ausdrücken und sehr fein schneiden oder hacken.
Den Nudelteig sehr dünn ausrollen, die Hälfte abgedeckt kühl stellen. Auf die andere Hälfte je 4 kleine Esslöffel Spinat mit etwas Abstand zueinander auflegen. Jetzt mit einem gewaschenen Ei je eine runde Mulde in den Spinat drücken. Die Eier anklopfen, Eiweiß vom Eigelb trennen und die ganzen Eigelbe in die Spinatmulde setzen. Den Nudelteig um den Spinat herum mit etwas Eigelb einstreichen, mit der anderen Hälfte vom ausgerollten Nudelteig überdecken und mit einem runden Ausstecher die beiden Teige aneinander drücken, danach mit einem gewellten Ausstecher großzügig ausstechen und kühl stellen.

Anrichten
Die Ravioli etwa 4 Minuten in köchelndem Salzwasser garen. Die erhitzte Spinatsuppe mit einem Saucenstab kurz aufmixen, auf 4 heiße Teller verteilen, die Ravioli in die Mitte geben und darüber dünne Scheibchen von weißem Trüffel hobeln.

Tipp

In der Sommerzeit kann man mit weißem Trüffelöl die Suppe aromatisieren und frische Sommertrüffel oder Steinpilze darüber hobeln.

Wachtel

Die Wachtel ist das kleinste unter den Wildhühnern, sie wiegt ausgenommen ca. 150 g. Wachteln haben ein zartes und wohlschmeckendes Fleisch und eignen sich ausgezeichnet zum Braten.

Das Besondere an dieser Geflügelart ist der hohe Brustfleischanteil von ungefähr 40 % des Körpergewichts sowie der darin enthaltene hohe Eiweiß- und geringe Fettanteil.

Maiscrème mit Wachtel-crêpinette und Maisblini

SUPPEN

ZUTATEN
für 4 Personen

Wachtelcrêpinette
2	Wachteln
8	große Spinatblätter
100 g	Geflügelfarce (Rezept Seite 136)
4	Trüffelscheiben

Salz und Pfeffer aus der Mühle

Maiscrème
2	frische Maiskolben oder
250 g	Zuckermaiskörner aus der Dose
60 g	Butter
1 EL	Schalottenwürfel
250 ml	Geflügelfond
200 g	Sahne
100 ml	Noilly Prat, auf die Hälfte reduziert
1 Spritzer	Weißwein
1 Pr.	Zucker
1 Pr.	Salz

Maisblinis
50 g	Cornflakes
100 g	Zuckermaiskörner aus der Dose und etwas Maisfond (3 cl)
1	Ei
1 Pr.	Salz
1 Pr.	Zucker
20 g	Butterschmalz oder Pflanzenfett
10 ml	Olivenöl
8	Minimaiskölbchen, bissfest gekocht und halbiert
4	Wachteleier

ZUBEREITUNG

Für die Wachtelcrêpinette die Wachteln auslösen, von den Brüsten und Keulen die Haut abziehen, von den Keulchen die Mittelknochen herausschneiden. Spinat putzen, waschen und in kochendem Salzwasser etwa 10 Sekunden blanchieren, in Eiswasser abschrecken und je 2 Blätter auf ein Küchentuch auslegen. Trockentupfen und dünn Geflügelfarce aufstreichen. Das Geflügel mit Salz und Pfeffer würzen, jede Brustinnenseite auch dünn mit Farce bestreichen, Trüffelscheibe auflegen, etwas Farce darüber streichen und nun die Keulchen auflegen, so dass das sauber geputzte Knöchelchen am Ende heraussteht. Nun gut in den Spinat einpacken und kühl stellen.

Für die Maiscrème von den Maiskolben rundum die Körner etwa 1 cm dick abschneiden. Diese in 30 g heißer Butter mit den Schalotten andünsten. Geflügelfond und Sahne zugeben und 6 Minuten köcheln lassen, danach im Mixer fein pürieren.
Durch ein feines Sieb in eine Sauteuse passieren, mit reduziertem Noilly Prat, Weißwein, Salz und Zucker abschmecken. Statt frischem Mais kann auch Dosenmais mit Fond verwendet und mit den Schalotten angedünstet werden. Zum Servieren die Crème aufkochen und 30 g kalte Butterwürfel mit dem Stabmixer einmixen.

Für die Maisblinis die Cornflakes grob zerdrücken. Die Maiskörner abtropfen lassen, die Flüssigkeit auffangen. Die Hälfte der Maiskörner fein hacken. Das Ei, die Maiskörner und 3 cl von dem Maisfond gut verrühren. Zum Schluss die Cornflakes unterheben und mit Salz und Zucker abschmecken. Etwa 30 Minuten kühl stellen. Kurz vor dem Servieren mit 1 Esslöffel jeweils etwas von der Masse ins erhitzte Butterfett geben, leicht flach drücken und von jeder Seite goldbraun braten. Auf Küchenkrepp abtropfen lassen.

Anrichten
Die Wachtelcrêpinette mit Olivenöl einpinseln und im Backofen auf einem Gitter bei 160 °C etwa 8 Minuten garen, dabei einmal wenden. Heiße Maisblinis und Maiskölbchen auf tiefe, heiße Teller verteilen, je ein aufgeschnittenes Wachtelcrêpinette auflegen, nach Wunsch ein kurz gebratenes Wachtelei darüber anrichten und mit aufgeschäumter Maiscrème servieren.

Schweinefleisch

Bei der Zubereitung von Schweinefleisch sollte man besonders auf die Herkunft der Tiere achten, denn genügend Auslauf der Tiere bedingt auch die gute Qualität des Fleisches. Durch die ausreichende Bewegung der Tiere verteilt sich das Fett gleichmäßig und vergrößert den Genuss des Fleisches.

Graupen-Crème-Suppe mit geräuchertem Schweinebäckchen

SUPPEN

ZUTATEN
für 4 Personen

2	Schweinebäckchen (geräuchert und gepökelt, beim Metzger vorbestellen)

Kochfond Schweinebäckchen

1,5 l	Wasser
1	Schalotte
1	Staudenselleriestange
1	Karotte
1/2	Lauchstange
1	Thymianzweig
10	Pfefferkörner

Salz und weißer Pfeffer aus der Mühle

Graupen-Crème

100 g	Graupen (Reformhaus)
1 EL	Olivenöl
1 EL	Schalottenwürfel
30 g	geräucherte Bauchspeckwürfel
6 cl	Weißwein
100 g	Gemüsewürfelchen von Karotten, Sellerie und Lauch
300 g	Sahne

Salz und Pfeffer

1 EL	geschlagene Sahne

Petersilie, Schnittlauch und Liebstöckel nach Wunsch

ZUBEREITUNG

Für die Graupen-Crème die Graupen kalt abspülen und etwa 12 Stunden in kaltem Wasser quellen lassen.

Die Schweinebäckchen in den Kochfond mit den Gemüsen und Gewürzen geben und etwa 60 Minuten weich köcheln lassen.

Die vorbereiteten Graupen auf ein Sieb schütten. In eine erwärmte Sauteuse Olivenöl, Schalottenwürfel, Speck und Graupen geben und, ohne braun werden zu lassen, etwa 1 Minute dünsten. Den Weißwein und einen halben Liter vom Bäckchenfond angießen und etwa 30 Minuten sieden lassen. Danach Gemüsewürfel und Rahm zugeben und cremig gar köcheln. Mit Salz, Pfeffer und 1 Spritzer Weißwein fein abschmecken.

Anrichten

Die heißen Schweinebäckchen portionieren und auf tiefe Teller platzieren. In die erhitzte Crèmesuppe 1 Esslöffel geschlagene Sahne einrühren und auf die vorbereiteten Teller geben. Nach Wunsch mit frisch geschnittener Petersilie, Schnittlauch oder Liebstöckel servieren.

Tipp

Kaltgepresstes Olivenöl am Tisch über den Pot au feu geträufelt schmeckt sehr köstlich. Olivenöl wird wegen seines fruchtigen Geschmacks weltweit geschätzt. Zudem hat es einen hohen Anteil an Ölsäuren, die den Stoffwechsel günstig beeinflussen. Das Öl wird aus den grünen Früchten des Olivenbaums gewonnen, der vorwiegend in den Mittelmeerländern angesiedelt ist.

Pot au feu vom Rinder-Tafelspitz mit Wan-Tan-Taschen und Wurzelgemüsen

SUPPEN

ZUTATEN
für 4 Personen

1 kg	gepökelter Rindertafelspitz (beim Metzger vorbestellen)
3	Markknochen (etwa 300 g)
2	Karotten
2	Petersilienwurzeln
1/4	Sellerieknolle
1	Zwiebel
1	kleine Lauchstange
1	geschälte Knoblauchzehe
10	Pfefferkörner
5	Pimentkörner
je 1	Zweig Liebstöckel und Blattpetersilie

Salz und Pfeffer aus der Mühle

Wan-Tan-Taschen

100 g	Blattspinat
1	Liebstöckelblatt
1/2 TL	Thymianblättchen
50 g	Geflügelfarce (Rezept Seite 136)
1 EL	geschlagene Sahne
24	Wan-Tan-Teig-Blätter (Asiashop)
1	kleines Ei

Salz

Gemüseeinlage

200 g	Gartengemüse in Rauten geschnitten: Karotten, Sellerie, Kohlrabi, Kartoffeln, Lauch, Petersilienwurzeln
2 EL	fein geschnittene Gartenkräuter: Petersilie, Schnittlauch, Thymian, Liebstöckel

ZUBEREITUNG

Karotten, Petersilienwurzeln und Sellerie waschen und schälen. Zwiebel abspülen, halbieren und in einer heißen Pfanne dunkel anbraten (gibt der Brühe später eine schönere, kräftigere Farbe). Die Lauchstange längs etwas einschneiden und in Wasser säubern. Dann den abgespülten Tafelspitz und die Markknochen mit den Gemüsen in einen Topf geben, gut mit kaltem Wasser bedecken, einmal aufkochen, danach mit geringerer Temperatur weiterköcheln lassen. Zwischendurch eventuell aufkommenden Schaum abschöpfen. Nach etwa 40 Minuten Knoblauch, Gewürze, etwas Salz, Liebstöckel und Petersilie zugeben und noch etwa 20—30 Minuten weiterköcheln, bis das Fleisch gar ist. Dann das gekochte Fleisch aus dem Fond nehmen und abgedeckt beiseite stellen. Die Brühe abschmecken und durch ein feines Tuch passieren.

Für die Wan-Tan-Taschen den geputzten Spinat etwa 10 Sekunden in kochendem Salzwasser blanchieren, danach sofort in Eiswasser abkühlen und in einem Küchentuch sehr gut ausdrücken. Den Spinat zusammen mit Liebstöckel und Thymian fein hacken, mit der Geflügelfarce und der Schlagsahne gut vermischen. Wan-Tan-Teig auslegen, die Füllung darauf setzen, mit verquirltem Ei den Teig einpinseln, verschließen und mit einem Ausstecher oder Teigroller zuschneiden, pro Person sind 2–3 Stück zu rechnen. Die Teigtaschen auf gemehltem Backpapier kalt stellen oder anfrieren. Zum Servieren in köchelndem Salzwasser etwa 4 Minuten garen.

Anrichten
Den Tafelspitz aufschneiden und mit dem in der Brühe bissfest gekochten Gemüse in 4 tiefe Teller verteilen, heiße Teigtaschen dazugeben und mit frisch geschnittenen Gartenkräutern servieren.

SUPPEN

CAPPUCCINO VON CURRY UND ZITRONENGRAS MIT GAMBARETTISPIESS

ZUTATEN
für 8 Personen oder 12 Amuse bouche Portionen

Cappuccino von Curry und Zitronengras

100 ml	Noilly Prat
50 ml	Portwein
80 ml	Weißwein
5	klein geschnittene Zitronengrasstangen
2	Limonenblätter (Asienladen)
4	Schalotten
1/2	Lauchstange
300 ml	heller Geflügelfond (Rezept Seite 139)
300 ml	Rahm
1 EL	Currypulver (Madras)
1 Msp.	grüne Currypaste
4 EL	Kokosflocken
1	Apfel (Granny Smith)
1/2	Miniananas
1/2	Banane
1	Sträußchen Blattpetersilie
60 g	kalte Butterwürfel
	Salz

Gambarettispieß

24	Gambaretti (kleine Scampi)
2 cl	Erdnussöl
12	marinierte Ingwerscheibchen
	Currysalz (1 TL Curry mit 5 TL Salz vermischen)
80 g	Nudelstreifen oder Reisnudeln
	Krebssauce nach Wunsch (Rezept Seite 34)

ZUBEREITUNG
Noilly Prat, Portwein, Weißwein, Zitronengras und Limonenblätter gut einreduzieren. Mit geschnittenen Schalotten, Lauch und Geflügelfond auffüllen. 5 Minuten köcheln lassen, dann Rahm, Curry und Kokosflocken hineingeben und weitere 10 Minuten köcheln lassen. Nebenbei den entkernten Apfel, die geschälte Miniananas und Banane mit Blattpetersilie im Mixer fein pürieren und in die Crèmesuppe geben. Alles nochmals etwa 5 Minuten sieden lassen, durch ein Tuch passieren und noch heiß die Butter einrühren, gut würzig abschmecken.

Anrichten
Die Gambaretti mit Currysalz würzen und in Erdnussöl 10 Sekunden heiß anschwenken, dann mit Ingwerscheibchen auf Holzspieße stecken. Nach Wunsch gekochte, feine Nudeln in heiße Tassen verteilen und die Spieße einlegen. Zum Schluss mit aufgeschäumter Crèmesuppe auffüllen und nach Wunsch mit etwas aufgeschäumter Krebssauce verfeinern.

TOMATENESSENZ MIT LOTTEBÄCKCHEN UND BASILIKUM

ZUTATEN
für 4 Personen

Tomatenessenz

1 kg	vollreife Tomaten (oder geschälte Eiertomaten aus der Dose)
1	Karotte
2	Schalotten
1/2	Knoblauchzehe
1/4	Staudenselleriestange
40 g	Butter
800 ml	heller Geflügelfond (Rezept Seite 139)
2	Eiweiß
10	Eiswürfel
3 EL	Tomatenmark
2–3	Petersilienzweige
1 Pr.	Zucker
2 cl	Gin

Lottebäckchen

2	Lottebäckchen à 160 g
4 EL	Staudenselleriescheiben, bissfest gekocht
2 EL	Tomatenwürfel oder Rauten als Einlage
4	Basilikumblättchen
	Salz und Pfeffer aus der Mühle

ZUBEREITUNG
Für die Tomatenessenz die Tomaten waschen und vierteln. Die Karotte, die Schalotten und den Knoblauch schälen, den Sellerie waschen und putzen. Alles in gleich große Würfel schneiden. Die Butter erhitzen, das Gemüse darin andünsten, mit dem Geflügelfond auffüllen und bei milder Hitze 15–20 Minuten köcheln lassen. Vom Herd nehmen und mindestens 3 Stunden sehr gut durchkühlen. Eiweiß mit den Eiswürfeln, dem Tomatenmark und den Petersilienzweigen vermischen und unter die kalte Suppe rühren. Auf dem Herd bei milder Hitze unter ständigem, vorsichtigem Rühren langsam zum Sieden bringen und 15 Minuten am Herdrand ziehen lassen. Ein Sieb mit einem Tuch auslegen und die Suppe vorsichtig passieren. Mit Salz, Pfeffer, Zucker und Gin abschmecken. Nochmals kurz erhitzen.

Die frischen Lottebäckchen in 5 mm dicke Scheiben schneiden, mit Salz, Pfeffer und Zitrone würzen.

Anrichten
Die Scheiben von den Lottebäckchen, erwärmten Staudensellerie, Tomatenwürfel und Basilikumstreifen in 4 heiße, tiefe Teller verteilen. Mit heißer Tomatenessenz auffüllen und servieren.

Tipp
Wenn man der Suppe noch Streifen von Lachs und Zander sowie gekochte Nudeln zufügt, reicht die Suppe auch als Hauptgangportion.

GAZPACHO ANDALUZ

ZUTATEN
für 4 Personen

1/4	Gurke
2	rote Paprika
5	Eiertomaten
2	Selleriestangen
1/2	Knoblauchzehe
1	Peperoncini
100 ml	Olivenöl

weißer Balsamico
Salz und Tabasco
Gurken- und Paprikawürfel und Knoblauchcroûtons nach Wunsch

ZUBEREITUNG

Die Gurke entkernen, Tomaten halbieren und entkernen und mit den restlichen Zutaten pürieren, dabei das Olivenöl langsam untermixen und durch ein feines Sieb passieren, mit Salz, Tabasco und Balsamico abschmecken.

Anrichten

Die Suppe in tiefe Teller geben und nach Wunsch mit Gurken- und Paprikawürfeln sowie Knoblauchcroûtons servieren.

ENTENCONSOMMÉ À LA CHINOISE

ZUTATEN
Rezept für 4 Personen

1	Ente, weiblich
200 g	Mirepoix (Röstgemüse von Zwiebeln, Sellerie und Wurzeln)
1 EL	Tomatenmark
200 ml	Weißwein
1 l	heller Geflügelfond
2	Lorbeerblätter
2	Thymianzweige
5	Wacholderbeeren
2	Nelken
1	Karotte
1/2	kleine Lauchstange
2	Staudenselleriestangen
1	Zwiebel
1	Eiweiß
4 cl	Sherry
4 cl	Madeira
10 g	Ingwerwurzel

Korianderzweige
Salz und Pfeffer aus der Mühle
japanischer Bergpfeffer
Öl zum Braten

Einlage

4 EL	Gemüsestreifen, bissfest gekocht von Zuckerschoten, Karotte und Lauch sowie Shitake-Pilzscheiben und Sojasprossen
10 g	fein gehackter Ingwer

Korianderblättchen

ZUBEREITUNG

Die Brüste und Keulen von den Enten auslösen. Die Entenknochen hacken und zusammen mit den Abschnitten in heißem Öl anbraten. Vom Röstgemüse zuerst die Zwiebeln zugeben, gut anbräunen lassen, dann das restliche Gemüse und Tomatenmark zugeben. Mit grobem Pfeffer aus der Mühle würzen. Mit Weißwein ablöschen und mit dem Geflügelfond und kaltem Wasser auffüllen. Die Knochen sollen gerade bedeckt sein. Aufkochen und die Gewürze zugeben. Bei kleiner Hitze 3 Stunden ziehen lassen. Durch ein Tuch passieren und kühl stellen.

Zum Klären der Brühe das ausgelöste Entenkeulenfleisch und das Gemüse durch die große Scheibe des Fleischwolfes drehen. Das Eiweiß zugeben und die Masse mit Sherry, Madeira, Ingwer und Koriander aromatisieren.

Das Klärfleisch mit dem Schneebesen in die kalte Brühe einrühren und bei mittlerer Hitze zum Kochen bringen, dabei öfter umrühren. Eine Stunde bei kleiner Hitze ziehen lassen, vorsichtig durch ein Tuch passieren und mit Salz und Bergpfeffer abschmecken.

Anrichten

Die gehäuteten Entenbrüste in Streifen schneiden, mit Salz, Pfeffer und den gehackten Ingwer würzen.
Fleischstreifen und erhitztes Gemüse in vorgewärmte Tassen verteilen, mit heißer Consommé auffüllen und mit Korianderblättchen servieren.

Fischgerichte

FISCHGERICHTE

ZUTATEN
für 4 Personen

12	Jakobsmuscheln in der Schale (oder ausgebrochene Muscheln)
60 g	Kumquatsconfit (Rezept Seite 150)
4 EL	bissfest gekochte Gemüsestreifen: Paprika, Kaiserschoten, Karotten, Lauch und Sojakeimlinge
1/2 TL	geschnittene Korianderblätter

Olivenöl zum Braten
Salz und Pfeffer aus der Mühle

Pinienkernsauce

4 cl	Noilly Prat
4 cl	Weißwein, lieblich
150 ml	Fischfond
2 EL	geröstete Pinienkerne
50 g	kalte Butterwürfel
1 Spritzer	weißer Balsamico
1 Spritzer	Pinienkernöl
1 Spritzer	Tabasco
	Salz

Wildreisplätzchen

100 g	Wildreis (2 Tage vorher in Wasser aufquellen lassen)
2	Eiweiß
1 Pr.	Zucker
1/2 TL	Speisestärke
2 EL	bissfest gekochte Gemüsewürfel: Lauch, Karotte, roter Paprika
4	fein geschnittene Korianderblätter

Salz und Pfeffer aus der Mühle

ZUBEREITUNG

Die Jakobsmuscheln mit einem nicht zu scharfen, aber robusten Messer öffnen. Je schwerer die Schale zu öffnen ist, desto frischer ist die Muschel. Mit dem Messer auf der flachen Seite der Muschel durch einen Schnitt nach vorne den Schließmuskel durchtrennen. Jetzt lässt sich die Muschel öffnen und man kann das Fleisch problemlos herrausschneiden. Das Muschelfleisch in kaltem Wasser säubern, auf Papierkrepp zum Trocknen legen und abgedeckt kühl stellen.

Für die Sauce Noilly Prat und Weißwein auf die Hälfte einköcheln lassen. Fischfond zugeben, einmal aufkochen, mit den Pinienkernen und der Butter im Mixer fein pürieren und passieren. Mit Balsamico, Pinienkernöl, Salz und Tabasco würzig abschmecken und warm halten.

Für die Reisplätzchen den eingeweichten Wildreis in reichlich leicht gesalzenem Wasser einmal aufkochen und dann am Herdrand siedend bissfest garen. Durch das lange Einweichen geht der Reis gleichmäßig auf und ist in viel kürzerer Zeit gar. Den Reis abschütten, kalt abspülen und sehr gut abtropfen lassen. Kurz vor dem Anrichten das Eiweiß mit 1 Prise Zucker steif schlagen. Alle Zutaten für die Plätzchen gut vermischen, würzen und in eine heiße Teflonpfanne mit wenig Olivenöl löffelweise einsetzen und beidseitig braten, bis sie leicht gebräunt sind.

Nebenbei die Jakobsmuscheln mit Salz und Pfeffer würzen und in heißem Olivenöl etwa 3 Minuten von beiden Seiten saftig braten. Die Gemüsestreifen in heißer Butter anschwenken und mit Koriander, Salz und Pfeffer würzen.

Anrichten
Reisplätzchen und Gemüsestreifen auf heiße Teller platzieren, Jakobsmuscheln mit aufgesetztem Kumquatsconfit auflegen, mit heißer, aufgeschäumter Sauce nappieren und servieren.

Mein Weintipp

2000 Chassagne-Montrachet „Les Caillerets" Premier Cru Domaine René Lamy Côte de Beaune

Chardonnay, das Zauberwort schlechthin. Der Garant für guten Wein. Man erwirbt ihn beim Weinhändler ohne zu fragen, was sich dahinter verbirgt. Man bestellt ihn im Restaurant anonym und er wird namenlos serviert. Es ist ja ein Chardonnay. Er riecht ja irgendwie leicht, frisch, anonym. Zufrieden gibt man sich mit dem, was man hat. Bis man beginnt zu vergleichen, irgendeinen Chardonnay mit diesem Chardonnay. Dann erlebt man mehr als nur Beschämung, Reue für all die Jahre, in denen man sich selbst diese Faszination im goldgelben Kleid vorenthalten hat. Einmal in der Nase gefangen, wünschten Sie, die Atemluft wäre gespeist von so feinen Bananen-, Ananas-, Honigmelonenaromen. Um ihn zu vervollkommnen, bieten Sie ihm gebratenes Zanderfilet auf Gemüserahmkraut oder Jakobsmuscheln mit Kumquatsconfit — einen Körper einfach, an den er sich schmiegen, welchen er verwöhnen, ergänzen kann.

Gebratene Jakobsmuscheln mit Kumquatsconfit und Pinienkernsauce auf Wildreisplätzchen

FISCHGERICHTE

ZUTATEN
für 4 Personen

250 g	frisches Hecht-filet ohne Haut und Gräten
200 g	Sahne
2 cl	Sherry
1/2 TL	Zitronensaft
1 Spritzer Tabasco	
Salz	

Grüne Sauce

250 ml	Fischfond (Rezept Seite 138)
150 g	Sahne
6 cl	trockener Weißwein
15 g	Mehlbutter (Rezept Seite 137)
1 Bd.	Kräutermischung für Frankfurter Grüne Sauce vom Gemüsemarkt (Rezept Seite 166)
30 g	Butter
1/2 TL	Zitronensaft
Salz und weißer Pfeffer aus der Mühle	

Safrankartoffeln

24	kleine tournierte Kartoffeln (festkochend)
1 Msp.	Safranpulver
je 1	Rosmarin- und Thymianzweig
12	Strauch-Cherry-Tomaten mit Zweig
Salz	
Butter	
weißer Balsamico	

ZUBEREITUNG

Das Hechtfleisch würfeln und in der Küchenmaschine grob mixen. Sahne und Hechtfleisch getrennt voneinander im Kühlfach anfrieren. Dann zuerst das Hechtfleisch pürieren, aber gleich nach und nach die eiskalte Sahne unterpürieren, wodurch eine glänzende, kompakte Farce entsteht. Die Masse durch ein feines Sieb streichen und in einer Schüssel auf Eiswasser kalt halten. Mit Sherry, Zitronensaft, Salz und Tabasco fein abschmecken.

Für die Grüne Sauce Fischfond, Sahne, Weißwein und Mehlbutter etwa 5 Minuten köchelnd reduzieren. Die Kräuter von den Stielen zupfen, kalt abspülen und grob hacken. Einen kleinen Teil als Garnitur aufbewahren, den Rest mit der heißen Fischsauce und Butter im Mixer fein mixen. Die Sauce durch ein feines Sieb passieren, mit Zitrone, Salz und Pfeffer sehr gut abschmecken und warm halten.

Nebenbei die Kartoffeln in siedendem Wasser abgeschmeckt mit Salz, Safran, Rosmarin und Thymian weich kochen. Die Stiele an den Tomaten lassen. Über Kreuz leicht einschneiden, etwa 10 Sekunden in siedendes Wasser geben und gleich in Eiswasser abschrecken. Die Häute bis zum Zweig abziehen und zum Servieren in einer Sauteuse mit wenig Salzwasser und Butter abgedeckt erwärmen.

Anrichten
Mit 2 Esslöffeln von der Hechtfarce 8 schöne Nocken formen und diese in einem Sud aus Salzwasser, abgeschmeckt mit weißem Balsamico und dem Thymianzweig, etwa 12 Minuten gar ziehen lassen.
Kartoffeln, Tomaten und Hechtklöße auf heiße Teller platzieren und mit aufgeschäumter Sauce und Kräutern servieren.

Safran

Safran ist ein sehr wertvolles Gewürz, das ursprünglich aus der Türkei und ihren Nachbarländern stammt. Schon seit jeher verwendet man Safran zum Würzen, aber auch zum Färben, da er mit seiner orangegoldenen Farbe besticht. Safranfäden sollte man vor der Verwendung zerreiben und in etwas heißem Wasser einweichen. Zum Würzen reicht bereits eine kleine Menge aus.

Hechte

Hechte sind grätenreiche Süßwasserfische mit festem, weißem Fleisch. Der Hecht lebt vor allem in ruhigen, klaren Gewässern und kann eine stattliche Größe bis zu 1,50 Metern erreichen. Als ganzer Fisch eignet er sich besonders gut zum Backen und Schmoren.

Hechtklößchen mit Frankfurter Grüner Sauce, Kirschtomaten und Safrankartoffeln

FISCHGERICHTE

ZUTATEN
für 4 Personen

200 g	Passepierre-Algen (April–Juni)
50 g	Petersilie
8 cl	kaltgepresstes Olivenöl, insgesamt
40	Gambaretti, (frisch oder TK)
250 g	Spaghettini
4 EL	Tomatensauce (Rezept Seite 144)

fein geschnittener Thymian
Salz und Pfeffer aus der Mühle

2 EL Tomatenwürfel
Butter
Thymianblüten oder -zweige zur Dekoration

ZUBEREITUNG

Die Algen putzen, waschen, in kochendem Wasser 10 Sekunden blanchieren und sofort in Eiswasser abkühlen. Die Hälfte der Algen mit klein geschnittener Petersilie, 6 cl Olivenöl, einer Prise Salz und Pfeffer im Mixer zu einer feinen Sauce pürieren.
Danach passieren, wenn nötig noch nachwürzen und im verschlossenem Glas kühl aufbewahren.
Die Gambaretti ausbrechen, die Därme entfernen, mit Salz, Pfeffer und fein geschnittenem Thymian würzen.
Die Spaghettini in kochendem Salzwasser mit 1 Esslöffel Olivenöl bissfest kochen, auf ein Sieb schütten, in den Topf zurückgeben, 4 Esslöffel Algensauce, 1 Esslöffel Olivenöl und etwa 60 g Algen zugeben, mit Salz und Pfeffer würzen und auf heißem Kochfeld schwenken.

Anrichten
Die heißen Teller mit Algen und Tomatensauce garnieren, Algenspitzen und die sehr kurz (etwa 10 Sekunden) in heißem Olivenöl gebratenen Gambaretti schön platzieren. Die Spaghettini mit einer kleinen Fleischgabel aufdrehen, auf den Teller setzen und mit in Butter geschmolzenen Tomatenwürfeln servieren. Nach Belieben mit Thymianblüten oder -zweigen dekorieren.

Gambaretti

Die Gambaretti haben zumeist einen durchsichtig grauen Körper und sind im Durchschnitt 5—7 cm lang. Sie leben hauptsächlich in Weichbodengebieten, wie beispielsweise dem Wattenmeer.

Sie gehören zu den Langschwanzkrebsen und besitzen ein stark entwickeltes Scherenpaar, wodurch sie sich von den anderen Garnelen unterscheiden.

Spaghettini mit Passepierre-Algen und Gambaretti

FISCHGERICHTE

ZUTATEN
für 4 Personen

Kartoffel-Lauch-Crème
200 g	mehlige Kartoffeln
750 ml	heller Geflügelfond (Rezept Seite 139)
120 ml	trockener Weißwein
1	Lauchstange
1 EL	grob gehackte Blattpetersilie
1 EL	grob gehackter Kerbel
1	Liebstöckelzweig
300 g	Crème fraîche oder Sauerrahm
1 EL	weißer Balsamico
1–2 Spritzer	Tabasco
Salz	

Saiblingfilets
4	frische Saiblingfilets (rechtzeitig vorbestellen)
80 g	Buchenholzmehl
4	getrocknete Fenchelzweige
6	Wacholderbeeren
Salz und Pfeffer aus der Mühle	

Crème fraîche und violetter Senf als Ganitur

Wacholderöl zum Räuchern
6	schwarze Pfefferkörner
8	Wacholderbeeren
1 TL	Wacholderbrand
2 EL	Distelöl

Die Körner zerdrücken, mit den anderen Zutaten gut vermischen und 1 Tag abgedeckt ziehen lassen.

ZUBEREITUNG

Für die Kartoffel-Lauch-Crème die Kartoffeln schälen, klein würfeln, mit Geflügelfond und Weißwein etwa 8 Minuten kochen. Den Lauch der Länge nach aufschneiden, gut waschen, fein schneiden und zum Kartoffelfond geben. Weitere 15 Minuten köcheln lassen und zusammen mit den Kräutern im Mixer fein pürieren. Durch ein feines Sieb passieren und kühl stellen. Crème fraîche und weißen Balsamico unter die kalte Suppe rühren. Mit Tabasco und Salz abschmecken und bis zum Servieren kalt stellen.

Die Saiblingfilets mit Haut zuschneiden, die Gräten ziehen und mit Salz und Pfeffer würzen. Wenn kein Räucherofen vorhanden ist, in einen flachen Topf Buchenholzmehl, klein geschnittene Fenchelzweige und Wacholderbeeren geben. Darüber ein rundes Küchengitter legen, die Fischfilets nach Wunsch mit Wacholderöl einpinseln und mit der Hautseite auf das Gitter platzieren. Mit dem Topfdeckel oder gut verschlossen mit Alufolie auf der Herdplatte etwa 10–12 Minuten gar räuchern.

Anrichten
Zum Servieren die Kartoffel-Crème auf 4 kalte Teller dünn auftragen. Innerhalb des Randes je einen Faden von Crème fraîche und violettem Senf mit einer Papiertüte aufspritzen und mit einem Holzspieß schön als Muster ausziehen. Lauwarme, saftig geräucherte Fischfilets aufsetzen und nach Wunsch mit gerösteten Kartoffelwürfeln servieren.

Mein Weintipp
1999 Wachenheimer Gerümpel
„Edition G.C.", Riesling Spätlese trocken
Weingut Dr. Bürklin-Wolf, Rheinpfalz

Man könnte es mit einem Wunder gleichsetzen oder es einfach auch nur als Unverschämtheit bezeichnen, was sich dieser Riesling da geleistet hat. Denn ganz genau 1 Jahr hat er sich Zeit zum Vergären genommen. Exakt 12 Monate hat er gebraucht, um diese einzigartige Nase, gespickt mit Honigmelone, Williamsbirne, Äpfeln und Grapefruit herauszuformen. Und als würde es nicht reichen, auch noch mit Rauch und Minzenuancen zu vervollkommnen. Nicht weniger als präzise 52 Wochen waren nötig, um diesem durch Fehlerlosigkeit imponierenden Körper zum Leben zu verhelfen. Einen solch mächtigen Gaumen zu erschaffen, welcher sich durch seine einzigartige Struktur, begleitet vom zauberhaften Spiel von exotischer Frucht und milder Säure, von tausenden anderen abhebt. All die lange Zeit scheint Tag für Tag im Abgang integriert. Denn der Nachhall dieser Spätlese dauert zwar kein ganzes Jahr, erinnert trotzdem an die Ewigkeit. Wecken Sie die Ruhe in ihm, mit einer kalten Kartoffel-Lauch-Crème oder mit gefüllten Kalbsröllchen mit Rahmsauce. Ja, ein cremiges Gericht muss es sein, denn die erstmals auf dem Weingut bei einem Riesling durchgeführte biologische Säureumwandlung hat ihm eines verliehen: Rahm. Und die feinen Aromen werden auf der cremigen, die Intensität fressenden Unterlage im Freudentaumel tanzen.

Kalte Kartoffel-Lauch-Crème mit Liebstöckel und warm geräuchertem Saiblingfilet

Mein Weintipp
Chablis, Domaine du Colombier, Burgund

Die fünfte Generation ist derzeit drauf und dran, das Zepter von Guy Mothe zu übernehmen. Wie Künstler werden sie künftig Jahr für Jahr, zwar mit stetig wechselnden Bedingungen, jedoch unter gleichen Voraussetzungen, ein und dasselbe Bild malen müssen. Die Leinwand, verkörpert durch den steinigen, das Flüsschen Serein begleitenden Boden, offeriert perfekt neutralen Grund zur Selbstdarstellung der einzig erlaubten Farbe, dem Chardonnay. Und so bestätigen die für diese Rebsorte typisch grün leuchtenden Reflexionen im hellgelben Kleid frühzeitig unser Auge. Die pubertierende Phase, in welcher sich der '99 Chablis auf Grund seiner nur dreijährigen Entwicklungszeit derzeit befindet, ermöglicht uns ein breites Einsatzspektrum. Gerade geöffnet, empfängt uns die Jugend. Feinste Zitronen- und Grapefruitnuancen laden zum Verweilen ein. Zum alleinigen, denn die lebhafte Frische gestattet gerade mal eine feine Sylter Royal-Auster oder das Steinbuttfilet mit Sellerieschuppen als Gefolge. Mit etwas Belüftung jedoch kommt eine gesunde Reife zum Tragen. Apfel- und Pilzaromen vordergründig, werden umspielt von einem derart tiefschürfenden Heu-, Minze-, Trüffelbukett, dass sogar der Strudel von Lachs und Zander oder das Gewürzlachsfilet als gerngesehener Begleiter willkommen geheißen wird.

Strudel von Lachsforelle und Zander mit Sauerampfersauce

FISCHGERICHTE

ZUTATEN
für 4 Personen

Fischfarce
- 100 g Fischfarce (Rezept Seite 135)
- 1 Msp. Safranpulver
- 100 g Strudelteig (Rezept Seite 148 oder TK)
- 200 g Zanderfilet
- 200 g Lachsforellenfilet
- 8 blanchierte Spinatblätter
- Saft von 1/2 Zitrone
- Salz und weißer Pfeffer aus der Mühle

Sauerampferbutter
- 50 g Sauerampferblätter
- 100 g Butter (Zimmertemperatur)

Sauce
- 250 ml Fisch-Weißwein-Sauce (Rezept Seite 142)
- 2 cl Rieslingwein oder Sekt
- 1 EL geschlagene Sahne
- Salz und weißer Pfeffer aus der Mühle

- 1 EL flüssige Butter
- 6 Sauerampferblätter in Streifen geschnitten als Garnitur

ZUBEREITUNG

Die Fischfarce mit Safran leicht färben, Farce entsprechend der Größe der Fischfilets dünn auf das Strudelblatt streichen. Darauf Spinatblätter ausbreiten und nochmals mit Farce bestreichen. Die Fischfilets mit Salz, Zitrone und Pfeffer würzen. Zanderfilet auf das eingestrichene Strudelblatt platzieren, dünn mit Farce bestreichen, Lachsforellenfilet darauf legen und beide Filets in den Strudelteig mit Farce einrollen. An den Enden mit überstehendem Teig verschließen und kühl stellen. Der Strudel kann so etwa 2 Stunden vor dem Servieren vorbereitet werden.

Für die Sauerampferbutter die Stiele vom Sauerampfer abtrennen. Die Blätter waschen, schleudern und mit der weichen Butter, Salz und Pfeffer im Mixer sehr fein und schön grün pürieren. Dann durch ein Sieb streichen und in Butterpapier eingerollt im Tiefkühlfach aufbewahren. Möglichst 1 Tag vorher zubereiten.

Anrichten
Den Fischstrudel mit flüssiger Butter einpinseln und im Backofen bei 180 °C auf mittlerer Schiene etwa 10 Minuten backen, danach etwa 3 Minuten abgedeckt warm ruhen lassen.
Nebenbei die Fischsauce erhitzen, 50 g von der tiefgekühlten Sauerampferbutter mit dem Saucenstab sämig einmixen. Nochmals erwärmen, mit Salz, Wein und Sahne verfeinern, dann aufgeschäumt auf heiße Teller mit Sauerampferstreifen verteilen. Den aufgeschnittenen Strudel aufsetzen und servieren.

FISCHGERICHTE

ZUTATEN
für 4 Personen

4	Steinbuttfilets à 100 g
2	mittelgroße Karotten
40 g	Fischfarce (Rezept Seite 135)
1 Msp.	Safranpulver
5	Korianderblättchen
1/2	Zitrone
10 g	Butter

Salz und Pfeffer aus der Mühle

Currysauce

1 EL	Schalottenwürfel
1/4	Banane
1/4	Apfel (Delicius) ohne Kernhaus, mit Schale
20 g	Butter
6 cl	Noilly Prat
1/2 EL	Currypulver Madras
200 ml	Fisch-Weißweinsauce (Rezept Seite 142)
1	Petersilienzweig
5	Zitronenmelisseblätter
2 cl	weißer Portwein

1 Spritzer Weißwein

Couscous
(RezeptSeite 133)

4 Wan-Tan-Blätter nach Wunsch

ZUBEREITUNG

Die Karotten schälen, auf der Aufschnittmaschine längs in 1 mm dicke Scheiben schneiden. Diese in Rauten oder Würfelchen schneiden und in erhitzter Butter farblos etwa 1 Minute bissfest schwenken und sofort kalt stellen. Kalte Fischfarce, Safran, fein geschnittenen Koriander und die Karotten vermischen und mit Salz und Pfeffer gut abschmecken. Diese kompakte Masse auf die mit Zitrone, Salz und Pfeffer gewürzten Steinbuttfilets etwa 1/2 cm dick gleichmäßig schön aufstreichen und kalt stellen. Die Fischfilets können so vorbereitet und abgedeckt bis zu 4 Stunden aufbewahrt werden.

Für die Sauce Schalotten, Bananen und Apfelwürfel in heißer Butter schwenken. Noilly Prat zugeben, etwa 4 Minuten köcheln lassen, danach Curry und Weißweinsauce zugeben und nochmals 5 Minuten köcheln lassen. Im Mixer mit der Petersilie und Melisse fein mixen und durch ein feines Sieb passieren. Mit Salz, Portwein und Weißwein würzig abschmecken.

Anrichten
Nach Wunsch 4 Wan-Tan-Blätter nacheinander über einen Champagnerkorken geben, mit der Hand gut passend andrücken. In 170 °C heißem Öl (Fritteuse) etwa 90 Sekunden knusprig backen.
Die Steinbuttfilets zuerst mit der Karottenseite in einer heißen Teflonpfanne mit Olivenöl farblos etwa 60 Sekunden braten. Danach umdrehen und weitere 5 Minuten im Backofen bei 180 °C saftig braten.
Die Wan-Tan-Körbchen mit Couscous füllen und auf heiße Teller platzieren, Steinbuttfilets dazugeben und mit aufgeschäumter, heißer Currysauce servieren.

Steinbutt

Der Steinbutt wird als König der Plattfische bezeichnet und wegen seines festen, weißen, äußerst schmackhaften und saftigen Fleisches besonders geschätzt. Es gibt spezielles Kochgeschirr für den Steinbutt, die sogenannte Turbotière. Darin kann der Fisch im Ganzen zubereitet werden.

Steinbuttfilet mit Karotten-Koriander-Haube, Currysauce und Couscous

Gebratenes Zanderfilet auf Gemüserahmkraut mit violetter Senfsauce

FISCHGERICHTE

ZUTATEN
für 4 Personen

1	frischer Zander, etwa 1,2 kg
1 EL	Mehl
2 EL	Olivenöl
1 EL	Butter
1	Thymianzweig
1	Rosmarinzweig
200 ml	Fisch-Weißweinsauce (Rezept Seite 142)
2 EL	violetter Senf

Gemüserahmkraut

400 g	feines Sauerkraut (Reformhaus)
50 g	Schmalz
2 EL	Zwiebelwürfel
100 ml	lieblicher Weißwein
200 ml	Geflügelbrühe oder Wasser
1	süßer Apfel
1	festkochende Kartoffel
2 EL	geschlagene Sahne
200 g	bissfest gekochte Gemüsewürfel: Karotten, Sellerie, Staudensellerie, Kartoffeln und Lauch

Salz und weißer Pfeffer

Gewürzbeutelchen

5	Wacholderbeeren
2	Nelken
5	Pimentkörner
10	Pfefferkörner
1	Lorbeerblatt
1	Thymianzweig
4	Blättchen Parmesangebäck (Rezept Seite 148)

ZUBEREITUNG

Den Zander schuppen, abwaschen und filetieren. Die Gräten ziehen, die Filets portionieren und kalt stellen. Von den Gräten wie auf Seite 138 beschrieben einen Fond bzw. eine Weißweinsauce kochen.

Nebenbei für das Gemüserahmkraut das Sauerkraut in heißem Schmalz mit den Zwiebeln andünsten. Wein, Brühe und Gewürzbeutelchen (Gewürze im Stoffbeutel eingebunden) zugeben und abgedeckt siedend etwa 20 Minuten bissfest garen. Apfel und Kartoffel schälen und nachdem die Kerne aus dem Apfel entfernt sind, beides würfeln und nun im Mixer fein pürieren. Damit das gekochte Kraut binden und nochmals unter ständigem Rühren 2 Minuten kochen lassen. Beutel herausnehmen, das Kraut mit Salz und Pfeffer abschmecken und warm halten.

Anrichten
Die Zanderfilets mit Salz und Pfeffer würzen, leicht mehlieren und in heißem Olivenöl hauptsächlich auf der Hautseite saftig braten. Im letzten Moment mit Butter, Thymian und Rosmarin zu Ende braten.
Die erwärmten Gemüsewürfel in das heiße Kraut geben, geschlagene Sahne und nach Wunsch geschnittenen Schnittlauch unterrühren. Heiße Weißweinsauce mit dem Senf aufschäumen. Gemüserahmkraut in der Tellermitte anrichten, Zander auflegen, Parmesangebäck anlegen, rundum mit Senfsauce nappieren und servieren.

Zander

Der Zander zählt zu den Barschen und ist ein Süßwasserfisch. Er besitzt einen langen, hechtähnlichen Körper, der bei uns meist frisch als Filet oder im Ganzen angeboten wird. Besonders gut schmeckt der Zander in Fischeintöpfen, gebraten oder in einer Salzkruste.

FISCHGERICHTE

ZUTATEN
für 4 Personen

480 g	frisches Kabeljaufilet
4	große, festkochende Kartoffeln
8	Basilikumblätter

Salz und Pfeffer aus der Mühle

Sauce Pistou

50 g	Basilikumblätter
50 g	gezupfte Blattpetersilie
1	getrocknete Pepperoncini
20 g	Pinienkerne
ca. 200 ml	kaltgepresstes Olivenöl

Salz und Pfeffer aus der Mühle

Geschmolzene Tomaten

4	reife Eiertomaten
2 EL	Tomatensauce (Rezept Seite 144)
1 EL	kaltgepresstes Olivenöl
1 TL	gehackte Kräuter (Rosmarin, Thymian und Basilikum)
8	Ofentomatenfilets (Rezept Seite 132)
2 EL	Püree von schwarzen Oliven

Salz und Pfeffer

ZUBEREITUNG

Das Kabeljaufilet in 4 gleichmäßige Portionen teilen. Die Kartoffeln in einer Gemüseschneidemaschine zu langen Kartoffelfäden schneiden. Den Kabeljau salzen und pfeffern und gleichmäßig in die Kartoffelfäden einwickeln und kühl stellen (nicht länger als 1/2 Stunde).

Für die Sauce die Basilikum- und Petersilienblätter mit Pinienkernen, Pepperoncini und Olivenöl in einem Mixer fein pürieren, so dass die Sauce eine fließende Konsistenz erhält. Mit Salz und Pfeffer abschmecken.

Für die geschmolzenen Tomaten die Tomaten kreuzweise einritzen, in kochendem Salzwasser kurz blanchieren und in Eiswasser abschrecken. Dann die Haut abziehen, das Kerngehäuse entfernen und in grobe Stücke schneiden. Die Tomaten in der Tomatensauce bei geringer Hitze zerschmelzen lassen und mit Olivenöl, Kräutern, Salz und Pfeffer abschmecken.

Anrichten

Zum Servieren die eingewickelten Fischfilets im Fettbad bei 180 °C goldbraun ausbacken. Die Basilikumblätter als Garnitur ebenfalls kurz im Fettbad knusprig backen. Die geschmolzenen Tomaten in der Tellermitte anrichten, links und rechts je ein Ofentomatenfilet mit einer kleinen Nocke Olivenpüree anlegen und die Sauce Pistou als Faden darum herumlaufen lassen. Zum Schluss das gebackene Kabeljaufilet in die Mitte setzen und mit den frittierten Basilikumblättern dekorieren.

Mein Weintipp
1999 Meursault, Domaine Darnat, Côte de Beaune

Manche Triebfedern in uns ziehen unbewusst zu den kniffligen, komplizierten Dingen des Lebens. Die Herausforderung sucht man. Und so werden auch Sie versuchen, das Kabeljaufilet im Kartoffelmantel, oder den Steinbutt und dessen Karotten-Korianderhaube, genau nach Vorgabe auf den Teller zu zaubern. Der Wein, welchen Sie Ihren Kostgängern offerieren, sollte dabei natürlich dem Schwierigkeitsgrad, dem Anspruch dieser Gaumenfreuden entsprechen. Doch sollte zuvor getestet werden, was Ihre Gäste erwartet. Schon beim Einschenken, beim Erhaschen des Buketts, wird Ihre Neugierde so groß, dass Sie den Fisch für kurze Zeit sich selbst überlassen werden. Was Sie da im Kristall erwartet, bedarf Ihrer vollsten Aufmerksamkeit. Zu mächtig ist die diffizile Nase. So detailliert, dass Sie das schlechte Gewissen heimsuchen würde, dies mit einem kurzen Probeschluck abzutun. Kumquat, Aprikosen, Rosmarin bitten darum, erkannt zu werden. Und was noch hinter der Mauer von exotischer Würze schlummert? Doch erst der Fisch, dann das Vergnügen. Und selbst wenn Sie nun dem Meerestier Ihre komplette Aufmerksamkeit schenken müssen. Der Meursault gestattet es Ihnen, denn von Haus aus zählt er zu den gefälligsten aller Burgunder. Wenigstens beschließen Sie dann das letzte Glas mit dem Gefühl, ihn zwar nicht ergründet, aber seine Gefälligkeiten entdeckt zu haben. Und sinnen dem nächsten Mal entgegen, wenn Sie das Verlangen überkommt, Ihre Kochkünste unter Beweis zu stellen, um einen weiteren Korken aus seiner Verankerung zu lösen.

Gebackenes Kabeljaufilet im Kartoffelmantel mit geschmolzenen Tomaten

FISCHGERICHTE

ZUTATEN
für 4 Personen

4	Seeteufelscheiben à 150 g
1/2	Zitrone
2 EL	Olivenöl
je 1	Zweig Thymian und Rosmarin

Salz und Pfeffer
Butter

Gemüserosette

je 1/2	kleine gelbe und grüne Zucchini
1/2	kleine Aubergine
1	kleine rote Paprika

Salz und Pfeffer aus der Mühle

Gemüsevinaigrette

1/2	Knoblauchzehe
je 1/2 EL	schwarze und grüne Olivenwürfel
2 EL	rote Paprikawürfelchen
je 1 EL	gelbe und grüne Zucchiniwürfelchen
1/2 EL	gehackte Kapern
1/2 EL	Schalottenwürfel
2 EL	Fischfond
3 EL	Olivenöl, extra virgine
1/2 TL	Estragonessig oder weißer Balsamico

Salz und Pfeffer aus der Mühle
Bärlauch oder Basilikum

Risotto

1 EL	Schalottenwürfel
120 g	Risottoreis Carnardi
50 ml	Weißwein
200 ml	Geflügelfond (Rezept Seite 139)
20	Safranfäden
100 g	junger Rucola
40 g	Butter

ZUBEREITUNG

Für die Gemüserosette die Paprika halbieren, entkernen, kalt abspülen und in kochendem Salzwasser bissfest gar kochen. In Eiswasser abkühlen und die Haut abziehen. Von den Zucchini und der Aubergine jeweils 6 Scheiben mit 4 mm Stärke aufschneiden. Von der Paprika in Größe der Zucchini 6 Scheiben ausstechen. Das Gemüse auf eine heiße, geölte Grillpfanne geben und von jeder Seite etwa 1 Minute leicht anbräunen (Grillmuster). Danach mit Salz und Pfeffer würzen, jede Scheibe längs halbieren und jetzt zu 4 Rosetten legen und warm halten.

Für die Gemüsevinaigrette eine kleine Schüssel mit der Knoblauchzehe gut ausreiben. Alle Zutaten hineingeben, gut verrühren, würzig abschmecken und mindestens eine halbe Stunde ziehen lassen.
Die Vinaigrette kann nach Wunsch mit etwas fein geschnittenem Bärlauch oder Basilikum gewürzt werden.

Für das Risotto in eine heiße Sauteuse wenig Butter, Schalotten und den abgespülten Reis geben. Kurz schwenken und sofort den Wein, den Fond und die Safranfäden zugeben. Nun leicht köchelnd, ab und zu rührend, das Risotto etwa 20 Minuten körnig gar kochen. Zum Schluss die gezupften und gewaschenen Rucolablätter hineingeben, die restliche Butter einrühren und mit Salz und Pfeffer fein abschmecken.

Anrichten
Die Seeteufelscheiben mit Salz, Pfeffer und Zitrone würzen und in einer heißen Teflonpfanne mit Olivenöl saftig braten. Im letzten Moment etwas Butter, Thymian und Rosmarin zugeben und etwa 30 Sekunden darin beidseitig schwenken. Auf heiße Teller Risotto und Fisch platzieren, je 1 warme Gemüserosette oben auflegen, mit Gemüsevinaigrette und Rucola rundum verteilt servieren.

Seeteufel/Lotte de mer

Das feine, weiße Fleisch des Seeteufels ist fest, saftig und grätenfrei. In seinem Geschmack erinnert es an Langustenfleisch. Der Seeteufel eignet sich gut zum Braten, Dünsten und Schmoren. Da er bei der Zubereitung Wasser verliert, muss man bei der Planung größere Mengen einkalkulieren.

Gebratene Seeteufelscheibe mit mediterraner Gemüsevinaigrette auf Safran-Rucola-Risotto

FISCHGERICHTE

ZUTATEN
für 4 Personen

2	Rotbarben à 350 g
20 g	Bärlauch
2	Blattpetersilienzweige
250 ml	Fisch-Weißwein-Sauce (Rezept Seite 142)
30 g	kalte Butterwürfel
1/2 TL	Zitronensaft
2 cl	Weißwein

Salz und Pfeffer aus der Mühle
Butter

Gnocchi

250 g	festkochende Kartoffeln
2 EL	Mehl
1 EL	Hartweizengrieß
2	Eigelb

Salz und Pfeffer aus der Mühle
Olivenöl

16	Bärlauchblätter
4	dünne Toastecken, kross gebraten
1 EL	geschlagene Sahne

etwas Bärlauchpesto (Rezept Seite 141)

ZUBEREITUNG

Die Rotbarben schuppen, kalt abspülen und küchenfertig filetieren. Die Gräten kalt wässern, zuerst Fond und danach eine Weißweinsauce zubereiten (siehe Rezepte Seite 138 und 142). Den Bärlauch etwa 10 Sekunden in kochendem Salzwasser blanchieren, kalt abschrecken und gut trockendrücken. Mit der gewaschenen Petersilie, der heißen Weißweinsauce und den Butterwürfelchen im Mixer fein pürieren, passieren, mit Zitronensaft, Weißwein, Salz und Pfeffer würzig abschmecken.

Für die Gnocchi die Kartoffeln schälen, abwaschen, vierteln und in leichtem Salzwasser weich kochen. Auf ein Sieb schütten und im Ofenrohr bei 150 °C etwa 10 Minuten ausdampfen lassen. Die Kartoffeln durch eine Presse auf eine bemehlte Arbeitsplatte drücken. Jetzt nacheinander Mehl, Grieß und wenig Salz und Pfeffer darüber streuen und zuletzt mit den Eigelben alles gut vermischen. Auf der bemehlten Platte nun 2 fingerdicke Rollen ausrollen, mit einer Palette jetzt im Abstand von etwa 5 cm abtrennen. Die Kartoffelmasse einzeln über die Handfläche mit einer Gabel leicht drückend rollend in Form bringen, auf ein Backpapier mit Mehl legen und in kochendes Salzwasser fallen lassen. Nun im Wasser 3 Minuten köcheln lassen; die Gnocchi sind fertig, wenn sie oben schwimmen. Mit einer Schaumkelle aus dem Wasser nehmen und in Eiswasser abkühlen. Auf ein Sieb geben, gut abtropfen. Etwas Olivenöl zugeben, damit sie nicht zusammenkleben, und mit Folie abdecken. Die Gnocchi können bereits am Vortag zubereitet werden.

Anrichten
Die Rotbarbenfilets mit Salz und Pfeffer und wenig Zitronensaft würzen. Beidseitig mit wenig Mehl bestäuben und in einer heißen Teflonpfanne, erst kurz auf der Innenseite 20 Sekunden, dann auf der Hautseite etwa 1 Minute saftig braten. In Butter erhitzte Gnocchi und blanchierte Bärlauchblätter auf heiße Teller platzieren. Rotbarbenfilet auflegen, mit Toastecken und etwas Bärlauchpesto garnieren. Heiße Sauce mit Schlagsahne aufschäumen, um die Filets geben und servieren.

Tipp

Den Rotbarbenfilets kann man in den letzten 20 Sekunden 10 g Butter und je 1 kleines Zweiglein Rosmarin und Thymian zugeben, das gibt einen feinen aromatischen Geschmack. Das kann man bei allen gebratenen Fischen und Fischfilets so handhaben.

Rotbarbenfilet mit Bärlauchsauce und Kartoffelgnocchi

GEFÜLLTE CALAMARETTI AUF BONNOTE-KARTOFFELN MIT BOUILLABAISSE-SAUCE

ZUTATEN
für 4 Personen oder 16 Amuse bouche Portionen

16	Tintenfische à 25—30g (Calamaretti)

Füllung

4	Gambas ohne Schale à 40 g
2 EL	Gemüsewürfel, bissfest gegart: Staudensellerie, Fenchel, Lauch und Karotte
1 EL	Tomatenwürfel
2 EL	Toastwürfel (2,5 x 2,5 mm), in Butter geröstet
1/2 TL	fein geschnittener Estragon
1/2 TL	fein geschnittener Zitronenthymian
20 ml	Olivenöl
1/2	Knoblauchzehe
je 1	Thymian- und Rosmarinzweig

Salz und Pfeffer aus der Mühle

8	kleine Bonnote-Kartoffeln (Saison Mai/Juni, aus der Bretagne) oder kleine, vorwiegend festkochende Kartoffeln
200 ml	Bouillabaisse-Sauce (Rezept Seite 141)

ZUBEREITUNG
Die Tintenfische ausnehmen, kurz abwaschen und trocken tupfen. Die Fühler abtrennen und beiseite stellen.
Für die Füllung die Gambas in kleine Würfel schneiden und mit blanchiertem Gemüse, Tomaten- und Toastwürfeln vorsichtig vermischen. Mit Estragon, Zitronenthymian, Salz und Pfeffer würzen. Diese lockere Masse in die Tintenfische füllen und mit Zahnstochern verschließen und zum Servieren, gewürzt mit Salz und Pfeffer, in heißem Olivenöl mit dem Knoblauch, dem Thymian- und Rosmarinzweig etwa 4 Minuten schwenkend braten. Die Fühler zum Schluss etwa 1 Minute mitbraten.
Die Kartoffeln unter fließendem Wasser sauber bürsten, in leichtem Salzwasser weich kochen. Danach abschütten, ausdampfen lassen und warm halten.

Anrichten
Die Kartoffeln mit Schale halbieren, auf einem Grillrost oder einer Bratpfanne kurz anbraten. Je 4 Kartoffelhälften auf Tellern anrichten, darauf je 1 Tintenfisch mit Fühler platzieren und mit der aufgeschäumten Bouillabaisse-Sauce servieren.

SEEZUNGEN-LACHS-ROULADE AUF GAZPACHO

ZUTATEN
für 4 Personen oder 12 Amuse bouche Portionen

1	Seezunge, 600 g
6	große Spinatblätter
40 g	Zander-Fischfarce (Rezept Seite 135)
100 g	frisches Lachsfilet

Saft von 1/2 Zitrone
Salz und weißer Pfeffer aus der Mühle

200 ml	Gazpacho (Rezept Seite 45)
1 EL	Gurkenwürfel
1 EL	Paprikawürfel

ZUBEREITUNG
Die Seezunge häuten und filetieren, die Filets kurz kalt abspülen und zwischen Küchenkrepp trocknen. Die gewaschenen Spinatblätter 5 Sekunden in kochendes Salzwasser halten und in Eiswasser abkühlen. Die Blätter trockentupfen und auf ausgebreiteter Klarsichtfolie als Rechteck von 24 x 16 cm ausbreiten. Auf die Blätter sehr dünn Fischfarce streichen. Die Seezungenfilets zwischen Folie auf eine Dicke von 4 mm flach klopfen. Jetzt die zugeschnittenen Filets mit der Hautseite nach oben perfekt auf den Spinat mit Farce platzieren. Die Filets mit Salz, Pfeffer und Zitronensaft würzen und schnell dünn mit Farce bestreichen. Das Lachsfilet in fingerdicke Streifen schneiden, mit Salz und Pfeffer würzen und längs auf die eingestrichenen Seezungenfilets legen. Nun mit Hilfe der Folie den Lachs in die Seezunge einrollen, die Folie an den Enden wie eine Wurst zusammendrehen. Dann noch einmal in Alufolie einrollen und an den Enden fest zudrehen.

Anrichten
Zum Servieren die Fischroulade in siedendem Wasser 8—10 Minuten garen, aus dem Wasser nehmen und 3 Minuten ruhen lassen. In tiefe Teller den Gazpacho verteilen, mit Paprika- und Gurkenwürfeln garnieren. Die Roulade auspacken, portionieren, aufsetzen und servieren.

Tipp
Zur Zubereitung der Amuse bouche-Portionen sollte man die Seezungenfilets halbieren und auf der Spinatmatte verteilen. So erhält man eine längere, dünnere Roulade, aus der sich bequem 16 Scheiben schneiden lassen. Die Garzeit verkürzt sich so auf 5—6 Minuten.

STEINBUTTFILET MIT STAUDEN-SELLERIE-SCHUPPEN AUF SAFRAN-ESTRAGON-FUMET

ZUTATEN
für 4 Personen oder
16 Amuse bouche Portionen

6	grüne und zarte Staudenselleriestangen
4	Steinbuttfilets à 100 g
2 EL	Selleriepüree (Rezept Seite 132)

Safran-Estragon-Fumet
300 ml	Fischfond (Rezept Seite 138)
10 cl	Noilly Prat
1/2 TL	Speisestärke
100 g	kalte Butterwürfel
10–12	Safranfäden
4 EL	Tomatenwürfel
1 EL	fein geschnittener Estragon

Salz und weißer Pfeffer aus der Mühle

1 Spritzer Weißwein
50 ml Fischfond

ZUBEREITUNG
Die Staudenselleriestangen auf der Aufschnittmaschine in schöne Scheibchen von 1,5 mm Stärke schneiden und in kochendem Salzwasser 30 Sekunden bissfest kochen und schnell in Eiswasser abschrecken. Die Steinbuttfilets mit Salz und Zitrone würzen und oben dünn mit Selleriepüree einstreichen. Darüber schön die Staudensellerieschuppen fächern.
Für den Fumet den Fischfond auf 150 ml einköcheln lassen (eine geringe Menge zurückbehalten), den Noilly Prat auf die Hälfte einkochen und beides zusammen mit angerührter Stärke leicht binden, Butterwürfel und Safranfäden einrühren. Tomatenwürfel und Estragon kurz vor dem Anrichten zugeben und mit Salz und Pfeffer abrunden.

Anrichten
Die Fischfilets auf eine gebutterte Pfanne legen, 1 Spritzer Weißwein und etwas Fischfond zugeben und im Backofen bei 190 °C etwa 8 Minuten garen. Die Sauce auf heiße Teller verteilen und die Fischfilets auflegen.

Tipp
Der Fisch lässt sich gut vorbereiten, muss danach aber unbedingt kalt gestellt werden. Alternativ kann man auch Glattbutt- oder Zanderfilet verwenden.

SOUFFLIERTER LOUP DE MER MIT ARTISCHOCKENSAUCE

ZUTATEN
für 4 Personen oder
16 Amuse bouche Portionen

1,2 kg	Loup de mer
1	Eiweiß
1 EL	geschlagene Sahne
160 g	Fischfarce (Rezept Seite 135)
1 cl	Pernod
2 EL	Fischfond
2 EL	Weißwein
	Zitronensaft
	Salz und Pfeffer

Artischockensauce
2	Artischocken
20 ml	Olivenöl
40 ml	Weißwein
200 ml	Fischfond (Rezept Seite 138)
100 g	Rahm
je 1	Thymian- und Rosmarinzweig
1/2 Bd.	Blattpetersilie
4	Basilikumblätter
20 g	kalte Butterwürfel

Saft von 1/2 Zitrone
Salz und weißer Pfeffer aus der Mühle

ZUBEREITUNG
Den Loup de mer filetieren (oder vom Fischhändler filetieren lassen und die Fischabschnitte und Gräten mitnehmen). Mit einer Pinzette die Gräten ziehen, die Filets enthäuten und in 4 gleich große Stücke schneiden.
Für das Soufflé das Eiweiß steif schlagen und zusammen mit der Sahne unter die Fischfarce ziehen. Mit Pernod, etwas Zitronensaft, Salz und Pfeffer abschmecken. Die Fischfilets mit Salz und Zitrone würzen und etwa 2 cm dick mit Farce bestreichen. Eine Kasserolle leicht ausbuttern, die Filets hineinlegen, mit wenig Fischfond und Wein angießen und kalt stellen.
Für die Artischockensauce die Artischocken zu Böden zuschneiden. Das Heu mit einem Kugelausstecher herauskratzen und die Artischockenböden gleich mit Zitrone abreiben. Die Böden in Scheiben schneiden und sofort in heißem Olivenöl anschwenken und mit Wein, Fischfond und Rahm auffüllen. Mit dem Thymian- und Rosmarinzweig etwa 6 Minuten köcheln lassen. Danach im Mixer mit Petersilie und Basilikum fein mixen und durch ein feines Sieb in eine Sauteuse passieren. Nach Wunsch noch etwas reduzieren, mit Salz, Pfeffer und Zitrone würzig abschmecken. Zum Servieren die Butter mit einem Saucenstab einmixen.

Anrichten
Den Loup de mer bei 200 °C im Backofen (unteres Drittel) etwa 10 Minuten hellbraun garen. Heiße, aufgeschäumte Sauce mit den soufflierten Filets auf Teller platzieren und mit gebratenen Artischockenscheiben, Kartoffeln oder Teigwaren servieren.

Tipp
Loup de mer ist der französische Name für Wolfsbarsch. Er hat ein besonders wohlschmeckendes Fleisch. Als Alternative kann man auch frisches Zanderfilet verwenden.

Geschmorte Rehschulter mit
Blutsauce und Maronentortelloni

Fleischgerichte

FLEISCHGERICHTE

ZUTATEN
für 4 Personen

1	Rehschulter
30 g	Butterfett
500 g	Wildknochen
500 g	Röstgemüse (Zwiebeln, Lauch, Karotten, Sellerie)
1 EL	Tomatenmark
500 ml	trockener Rotwein
1	Thymianzweig
2	Gewürznelken
1	Lorbeerblatt
12	Pfefferkörner
6	Wacholderbeeren
1	geschälte Knoblauchzehe
6 cl	frisches Blut (beim Metzger vorbestellen)
2 cl	roter Portwein
2 cl	Cognac
	Salz und Pfeffer aus der Mühle

Maronentortelloni

200 g	Nudelteig (Rezept Seite 147)
200 g	Maronen (Esskastanien)
2 EL	Geflügelfarce (Rezept Seite 136)
1 TL	Kalbsglace (reduzierter, dunkler Kalbsfond, Rezept Seite 139)
1 EL	gehackter Kerbel
1	Eigelb
	Salz
12	Spitzkohlbällchen (Rezept Seite 132)

ZUBEREITUNG

Die Rehschulter parieren und enthäuten. Mit Salz und Pfeffer von beiden Seiten würzen. Das Butterfett in einer Kasserolle erhitzen und die Schultern von jeder Seite kräftig anbraten. Herausnehmen, in das Bratfett die klein gehackten Wildknochen geben und rundherum anrösten. Das Gemüse putzen, klein schneiden und zufügen. Unter ständigem Rühren einige Minuten glasig braten. Das Tomatenmark unterrühren, kurz anschwitzen und mit etwas Rotwein ablöschen. Einkochen lassen und wieder etwas Rotwein zufügen. Diesen Vorgang etwa dreimal wiederholen, dadurch erhält die Sauce eine schöne, kräftig braune Farbe. Die Rehschulter wieder dazulegen, mit dem restlichen Rotwein angießen und mit so viel Wasser auffüllen, bis alles gerade bedeckt ist. Die angegebenen Gewürze zufügen und zugedeckt im Ofen bei 200 °C etwa 70 Minuten schmoren. Das Fleisch vom Knochen nehmen, portionieren. Die Sauce passieren, gegebenenfalls noch etwas einkochen, mit Blut binden und mit Salz, Pfeffer, Portwein und Cognac herzhaft würzen.

Für die Maronentortelloni den Nudelteig nach Rezept zubereiten. Die Maronen auf der gewölbten Seite mit einem Messer oder der Küchenschere kreuzweise einritzen, auf ein Backblech legen und in den auf 200 °C vorgeheizten Backofen geben. Sie sind weich und gar, wenn die Schale weit aufgeplatzt ist. Die Maronenschalen mit einem kleinen Messer ablösen und Reste der braunen Haut mit einem trockenen Tuch abreiben. Die Maronen mit einer Gabel fein zerdrücken und mit der Geflügelfarce, Kalbsglace, Kerbel und Salz gut vermischen. Dann den Nudelteig sehr dünn ausrollen und mit einem gezackten Ausstecher (85 mm) ausstechen. Die Ränder jeweils mit etwas verquirltem Eigelb bestreichen, auf die Hälfte der Teigkreise etwas von der Maronenfüllung geben und jeweils zum Halbmond umschlagen. Die Teigränder fest eindrücken, die Enden mit Eigelb zusammenkleben, und kühl stellen. Kurz vor dem Servieren die Tortelloni in siedendem Salzwasser 3 Minuten ziehen lassen, abtropfen und in etwas Butter anschwenken.

Anrichten
Die heiße, portionierte Rehschulter in der Mitte der vorgewärmten Teller anrichten und mit der Blutsauce nappieren. Jeweils 3 Tortelloni und erhitzte Spitzkohlbällchen um das Reh herum anrichten und servieren.

Maronen oder Esskastanien

Diese stärkehaltige Nuss verfügt über viele Ballaststoffe, hat aber einen vergleichsweise geringen Kaloriengehalt. Sie passt gut zu Wild und eignet sich für Füllungen von Geflügel. Ebenfalls wird sie in Suppen und Gemüsegerichten verwendet. Püriert ist sie gut für Desserts, Soufflés oder Eiscreme zu verwenden.

Geschmorte Rehschulter mit Blutsauce und Maronentortelloni

Mein Weintipp
1998 „Cuvée des Étourneaux" Bourgogne rosé
Domaine Ponsot, Burgund

Einmalig, fast wie ein Chamäleon reagiert dieser Tropfen auf seine Umwelt. Temperaturveränderungen bewirken, dass dieser ein Aromenkleid gegen ein komplett neues tauscht. Kühl oder besser bei einer Temperatur jenseits der 8 Grad serviert, offeriert er uns sein jugendliches Profil. Wirkt erfrischend, schlank, übermütig. Birgt feine Himbeer-, Erdbeer- und Rhabarberaromen in sich, welche er nur auf Anfrage wiedergibt. Ein Weißwein in roter Robe. So untermalt dieser perfekt das zarte, gefüllte Wachtelbrüstchen gleichermaßen wie auf Grund der fast nicht vorhandenen Säure die Spaghetti mit Scampi und Passepierrealgen. Mit jedem Grad Celsius, welches man ihm auferlegt, scheint er zu wachsen. Wird breiter, ja regelrecht fett. Fleischige Pflaumen- und Süßkirsch-aromen scheinen ihn mehr und mehr zu dominieren, Kräuter und Würzaromen schleichen sich ein. Nunmehr offenbart er sein wahres Ich, denn seine Geburtsstätte ist die Grand Cru Lage Clos de la Roche. Nun kann ihm gerade noch die Fasanenbrust in Begleitung der Sauce riche oder der Kaninchenrücken mit Morcheln Genüge tragen.

Fasanenbrust auf Weinkraut mit Sauce riche, Moscatotrauben und Grießstrudel

FLEISCHGERICHTE

ZUTATEN
für 4 Personen

2	junge Fasane
4	Scheiben grüner fetter Speck, dünn geschnitten
20 g	Butterfett

Salz und Pfeffer aus der Mühle

Weinkraut

250 g	mildes Sauerkraut
200 ml	Moscato d'Asti (italienischer Süßwein)
100 ml	Wasser
1/2	Babyananas
1	Zwiebel
1	Gewürznelke
1	Lorbeerblatt
6	Wacholderbeeren
1	kleine geschälte Kartoffel
1 EL	Gänseschmalz

Salz, Zucker

200 ml	Sauce riche (Rezept Seite 144)
4 EL	Moscatotrauben (Rezept Seite 150)
4	Scheiben Grießstrudel (Rezept Seite 133)

ZUBEREITUNG

Für das Weinkraut das Sauerkraut zusammen mit dem Moscato und dem Wasser in einen Topf geben. Die Ananas schälen, in einer Küchenmaschine fein mixen und zu dem Kraut geben. Die Zwiebel abziehen, mit Nelke und Lorbeerblatt spicken und auf das Kraut legen. Die Wacholderbeeren darüber streuen und zugedeckt 30 Minuten garen. Die Zwiebel entfernen, die rohe Kartoffel hineinreiben und das Kraut damit binden. Weitere 5 Minuten bei milder Hitze köcheln lassen und mit Salz, Zucker und Gänseschmalz abschmecken.

Die Fasane rupfen und eventuelle Haare abflämmen. Den Fasan ausnehmen, diese Arbeit können Sie auch von Ihrem Geflügelhändler vornehmen lassen, die Flügelspitzen, Hälse und Mägen dann für den Wildfond mitnehmen. Die küchenfertigen Fasane gut auswaschen und trockentupfen, innen und außen mit Salz und Pfeffer würzen. Jeweils 2 Speckscheiben über die Brüste legen und mit Kochzwirn festbinden. Das Butterfett in einem Bräter erhitzen, die Vögel mit der Brustseite nach unten hineinlegen und rasch anbraten, umdrehen und in den auf 200 °C vorgeheizten Backofen schieben. Dann etwa 15—20 Minuten braten. Dabei mehrmals mit dem Bratensaft begießen. Herausnehmen, in Alufolie einpacken und 5 Minuten ruhen lassen.

Anrichten

Die Fasane auf ein Tranchierbrett legen. Die Keulen abtrennen und mit einem scharfen Messer die Brust direkt am Brustknochen durchschneiden und das Brustfleisch jeweils vom Brustknochen lösen. Jede Brust schräg in Scheiben schneiden.
Auf vorgewärmten Tellern das Weinkraut in der Mitte platzieren, die Fasanenbrustscheiben darauf anrichten und mit der Sauce riche nappieren, die in Butter glacierten Moscatotrauben und jeweils eine Scheibe in Butter gebratenen Grießstrudel dazulegen. Die Keulen können als zweiter Gang serviert werden, ausgelöst und grob gewürfelt als Ragout mit der restlichen Sauce und dem Bratenfond.

Mein Weintipp
1997 Volnay „Taillepieds" Premier Cru
Domaine Marquis d'Angerville, Côte de Beaune

Einen Volnay bezeichnet man unter Kennern und Liebhabern des klassischen Pinot Noir auch gerne als die Königin der burgundischen Weine. Ein Synonym, das sich die Appellation in einem jahrhundertlangen Entwicklungsprozess eingebrockt hat. Nimmt man nur die Weine von „Mr Volnay" vom Marquis d'Angerville als repräsentatives Beispiel, stößt man mitten ins Herz dieser Wortspielerei. Denn nirgends an der Côte d'Or, nein besser, nirgends in ganz Frankreich werden in derartiger Konzentration solch graziöse, substanzhaltige und dennoch leichtfüßige Rotweine gewonnen. Mit dem Taillepieds hat man einen Tropfen im Glas, welcher über die Autorität einer Grande Dame und die Eigenwilligkeit einer kleinen verwöhnten Prinzessin verfügt. Nur etwas ihr Ebenbürtiges, gleichgestellt in Rang und Namen, ist es, welchem sie Nähe gewährt, welchem sie sich offenbart. Was ihr, in elegantester Manier, den Hof machen darf. Berufenes wie ein gratiniertes Bries vom Milchlamm oder ein zartes Stubenküken dürfen an sie herantreten, dürfen sie auffordern zum Tanz der Aromen.

Stubenküken mit Confit, Gnocchi und Gemüse vom Kürbis

FLEISCHGERICHTE

ZUTATEN
für 4 Personen

2	fleischige Stubenküken à 350–400 g
1 EL	Butterschmalz
300 g	frischer Muskatkürbis
1	gewürfelte Schalotte
50 ml	Noilly Prat
100 ml	heller Geflügelfond (Rezept Seite 139)
100 g	Sahne
1 Msp.	Safran
6	grüne Spitzkohlblätter

Salz und Pfeffer aus der Mühle

1 EL	Butter
12	Kürbisgnocchi (Rezept Seite 134)
1 EL	Olivenöl
4 TL	Kürbis-Aprikosen-Chutney (Rezept Seite 150)

ZUBEREITUNG

Die Stubenküken auslösen, von den Brüsten den Flügelknochen abschneiden und bei den Keulen den Mittelknochen entfernen. Die Brüste und Keulen mit Salz und Pfeffer würzen und in Butterschmalz knusprig und saftig braten.

Den Kürbis in 3 mm dicke Scheiben schneiden, diese wiederum in Rauten schneiden. Die übrigen Abschnitte vom Kürbis mit Schalottenwürfeln anschwitzen und mit Noilly Prat ablöschen, dann mit Geflügelfond, Sahne und Safran weich kochen und im Mixer sehr fein pürieren. Die Kürbissauce durch ein feines Sieb passieren und mit Salz und Pfeffer abschmecken.
Die Spitzkohlblätter und die Kürbisrauten in kochendem Salzwasser so kurz blanchieren, dass sie noch bissfest sind, in Eiswasser abschrecken und auf Küchenkrepp trockenlegen.

Anrichten
Die Kürbisrauten und Spitzkohlblätter in Butter anschwenken und auf den Tellern anrichten. Die Kürbisgnocchi in Olivenöl anbraten und dazwischen setzen. Auf jedem Teller 1 Keule und 1 Brüstchen vom Stubenküken platzieren, je 1 Nocke Kürbis-Aprikosen-Chutney dazugeben sowie etwas aufgeschäumte Kürbissauce.

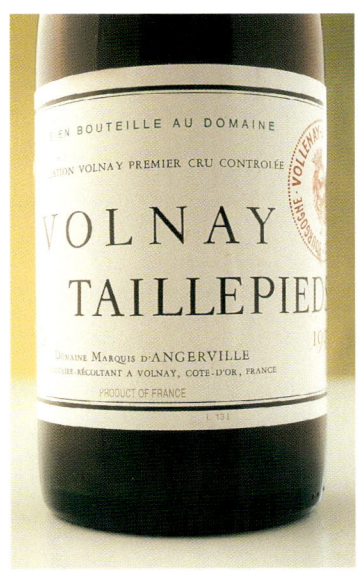

Tipp

Statt frischen Morcheln eignen sich auch in Wasser eingeweichte getrocknete Morcheln.

Vanille

Die Vanille stammt ursprünglich aus Südamerika. Die Schoten werden noch unreif geerntet und durch Dampf für den Verzehr fermentiert.

Gefüllter Kaninchenrücken mit Morcheln und Vanillekarotten

FLEISCHGERICHTE

ZUTATEN
für 4 Personen

Gefüllter Kaninchenrücken

1	Kaninchenrücken mit Knochen, etwa 500 g
150 g	Geflügel- oder Kaninchenfarce (Rezept Seite 136)
2 EL	Brotcroûtons (Toastbrotwürfel in heißer Butter geröstet)
2 EL	bissfest gekochte Karottenwürfel
1 EL	gehackte Kräuter, z.B. Petersilie, Kerbel, Estragon, Thymian
8	frische Morcheln
1 EL	Geflügelfarce, grün gefärbt (Rezept Seite 136)

Cognac
Salz und Pfeffer
Trüffelöl

Morchelsauce

200 g	Morchelabschnitte
20 g	Butter
1 EL	Schalottenwürfel
500 ml	Kaninchen- oder Kalbsfond (Rezept Seite 139)
200 g	Sahne
6 cl	trockener Sekt
1 Spritzer Cognac	
4	Karotten
1 EL	Gänseschmalz
1/2	Vanilleschote
100 ml	Karottensaft
1 EL	kalte Butterwürfel

Salz und Pfeffer

1/2 Bd.	Rübstiel, etwa 200 g
24	frische Morcheln
1 EL	Butter

ZUBEREITUNG

Den Kaninchenrücken von den Rippen her vorsichtig auslösen, so dass die Haut am Rücken nicht durchtrennt wird. Die Geflügelfarce mit Brotcroûtons, Karottenwürfeln und Kräutern vermengen und mit Salz, Pfeffer, Cognac und Trüffelöl abschmecken. Die Morcheln kurz in Butter ansautieren und kalt stellen. Den Kaninchenrücken auf Frischhaltefolie auslegen und mit Salz und Pfeffer würzen. Die Farce fingerdick auf den Rücken auftragen, in die Mitte die Morcheln der Reihe nach einsetzen und mit Farce einhüllen. Den Bauchlappen von der einen Seite her umklappen und die Farce damit in eine runde Form bringen, den anderen Bauchlappen mit der grün gefärbten Farce einstreichen und den Rücken ganz aufrollen. Schließlich den Rücken fest in die Frischhaltefolie einrollen und an den Enden zusammendrehen, dann die Rolle nochmals in Alufolie einwickeln und fest verschließen. Den so gefüllten Kaninchenrücken in siedendem Wasser bei 90 °C etwa 15 Minuten pochieren. Die Kerntemperatur sollte bei 55 °C liegen. Danach den Rücken an einem warmen Ort noch 10 Minuten ruhen lassen.

Für die Morchelsauce die Morchelabschnitte grob schneiden und mit den Schalottenwürfeln in Butter anbraten, dann mit Kaninchenfond und Sahne auffüllen. Die Flüssigkeit auf die Hälfte einkochen lassen und durch ein feines Haarsieb passieren. Die Sauce mit 6 cl Sekt vermischen und auf die gewünschte Konsistenz einkochen, mit Cognac, Salz und Pfeffer abschmecken. Die Sauce kann bei Bedarf mit angerührter Speisestärke leicht gebunden werden. Die Karotten in gleichmäßige Stifte von 5 cm Länge schneiden und in Gänseschmalz anschwitzen, das Mark der Vanilleschote und den Karottensaft zufügen und bissfest garen. Die Karottenstifte aus dem Fond nehmen, diesen um die Hälfte einkochen und dann mit den kalten Butterwürfeln schaumig aufmixen.

Den Rübstiel waschen und die Strünke abschneiden, dann trockenschleudern.

Anrichten

Die Morcheln in Butter anschwenken und mit Salz und Pfeffer würzen. Rübstiel ebenfalls in Butter ganz kurz anschwenken. Von den warmen Karottenstiften je 3 Häufchen auf dem Teller platzieren, dazwischen die Rübstielblätter anrichten, die sautierten Morcheln außen herum verteilen. Den Kaninchenrücken in 4 dicke Scheiben schneiden und jeweils eine in die Tellermitte setzen. Die Morchelsauce und die Karottensauce aufschäumen und damit Morcheln und Karotten nappieren.

FLEISCHGERICHTE

ZUTATEN
für 4 Personen

4	Kaninchenkeulen
500 g	Mirepoix (Röstgemüse von Zwiebeln, Karotten und Staudensellerie)
1 EL	Tomatenmark
300 ml	Weißwein
100 ml	Kalbs- oder Kaninchenfond (Rezept Seite 139)
1	Knoblauchzehe
je 1	Estragon-, Thymian- und Rosmarinzweig
10	Pfefferkörner
2	Pimentkörner
2	Lorbeerblätter
1	Sternanis

Salz und Pfeffer aus der Mühle
Olivenöl zum Anbraten

1 EL	gehackter Thymian

Leipziger Allerlei

je 24	weiße und grüne Spargelspitzen
24	Möhrchen mit Grün
24	Zuckerschoten
2 EL	grüne Bohnenkerne
2 EL	junge Erbsen
2 EL	Butter
32	Morcheln
1 EL	gewürfelte Schalotten

Salz und Pfeffer aus der Mühle

4	Kartoffelschnitten (Rezept Seite 133)

ZUBEREITUNG

Die Kaninchenkeulen im Bräter rundherum in Olivenöl anbraten und das Mirepoix zugeben.
Das Gemüse anrösten und Tomatenmark zufügen, nach und nach mit dem Weißwein ablöschen und glacieren, dann den Kalbsfond und die Gewürze zufügen. Die Kaninchenkeulen im Ofen bei 200 °C zugedeckt etwa 1 Stunde schmoren, bis sich das Fleisch leicht vom Knochen löst. Die Keulen warm stellen.

Für den Thymianjus den Schmorfond durch ein feines Sieb passieren und je nach Konsistenz noch etwas einkochen oder mit angerührter Speisestärke leicht binden. Mit gehacktem Thymian vollenden und mit Salz und Pfeffer würzen.

Für das Gemüse die Spargelspitzen, Karotten und Zuckerschoten in kochendem Salzwasser bissfest blanchieren und in Eiswasser abschrecken. Die Bohnenkerne kurz blanchieren und aus der feinen Schale pellen. Die Gemüse mit den feinen Erbsen in Butter anschwenken und mit Salz und Pfeffer würzen. Die Morcheln in Butter mit Schalottenwürfeln kurz ansautieren und ebenfalls würzen.

Anrichten
Das Gemüse dekorativ auf den Tellern anrichten, die Morcheln dazwischen legen, an einer Seite die gebackene Kartoffelschnitte platzieren. Die heiße Kaninchenkeule aufs Gemüse legen und mit Thymianjus nappieren.

Kaninchen

Kaninchen haben sehr zartes und weißes Fleisch. Dabei schmeckt das Wildkaninchen meist besser als die gezüchteten Kaninchen, das Fleisch ist bei diesen Tieren würziger.

Für die Zubereitung erhält man hierzulande die Kaninchen zwar mit oder ohne Fell, aber immer ausgenommen.

Geschmorte Kaninchenkeule mit Leipziger Allerlei und gebackener Kartoffelschnitte

Morcheln

Morcheln lassen sich nur schwer züchten und kommen daher nur in sehr geringen Mengen im Frühjahr und Sommer auf den Markt und sind entsprechend kostbar. Auch für Morcheln gilt, dass sie frisch am besten schmecken, also wenn sie noch fest sind.

Pochiertes Kalbsfilet in Wildkräutern mit Morcheln und Kartoffelblini

FLEISCHGERICHTE

ZUTATEN
für 4 Personen

320 g	Kalbsfilet
1/2 Bd.	Petersilie
1/2 Bd.	Kerbel
je 1	Estragon-, Rosmarin- und Thymianzweig

Trüffel- und Olivenöl
Salz und Pfeffer aus der Mühle

Sauce Perigordine

200 g	Morchelabschnitte
20 g	Butter
120 g	Gänseleberabschnitte
500 ml	Kalbsfond
200 g	Sahne
100 ml	trockener Sekt
1 Spritzer Cognac	
6 cl	Trüffelsaft

Salz und Pfeffer

8	Kartoffelblini (Rezept Seite 134)
300 g	Morcheln
2	Schalotten
1 EL	geschlagene Sahne

Butter zum Anbraten

ZUBEREITUNG

Das sauber parierte Kalbsfilet mit Salz und Pfeffer aus der Mühle kräftig würzen, mit Trüffel- und Olivenöl einreiben. Die Kräuter fein hacken und darin das Kalbsfilet wälzen, so dass das Filet ganz mit Kräutern ummantelt ist. Zunächst in Frischhaltefolie fest einwickeln, danach in Alufolie. Das Kalbsfilet im Wasserbad bei etwa 85 °C 12–14 Minuten pochieren, danach etwa 5 Minuten ruhen lassen, die Kerntemperatur sollte 52 °C nicht überschreiten.

Für die Sauce die Morchelabschnitte grob schneiden und in Butter anbraten, dann die Gänseleberabschnitte zufügen und mitrösten. Danach mit Kalbsfond und Sahne auffüllen. Die Flüssigkeit auf die Hälfte einkochen lassen und durch ein feines Haarsieb passieren. Die Sauce mit 60 ml Sekt vermischen und auf die gewünschte Konsistenz einkochen, mit Cognac, Trüffelsaft, Salz und Pfeffer abschmecken. Die Kartoffelblinis in einer beschichteten Pfanne in etwas Butter goldbraun backen und warm stellen.

Anrichten

Die Morcheln in Butter mit Schalottenwürfeln anbraten und mit Salz und Pfeffer würzen. Das Kalbsfilet aus der Folie nehmen und in gleichmäßige Scheiben schneiden. Je 1 auf einen Teller legen. Die Kartoffelblinis auflegen und die Morcheln gleichmäßig verteilen. Die geschlagene Sahne mit dem restlichen Sekt (40 ml) unter die Sauce mixen und diese um die Kalbsfiletscheiben gießen.

FLEISCHGERICHTE

ZUTATEN
für 4 Personen

8	Kalbsbäckchen
2 EL	Butterschmalz
500 g	Mirepoix (Röstgemüse von Zwiebeln, Karotten und Staudensellerie)
1 EL	Tomatenmark
300 ml	Rotwein
1 l	dunkler Kalbsfond (Rezept Seite 139)
1	Knoblauchzehe
je 1	Thymian- und Rosmarinzweig
10	Pfefferkörner
10	Korianderkörner
1	Sternanis
2	Pimentkörner
2	Lorbeerblätter
100 ml	Barolo (Rotwein)

alter Balsamico (etwa 12 Jahre)

Stielmus

1 Bd.	Rübstiel, etwa 500 g
1	gewürfelte Schalotte
10 g	Butter
1/2 TL	Mehl
20 ml	Weißwein
100 g	Sahne

Salz und Pfeffer aus der Mühle

1	mehlige Kartoffel, in feine Streifen geschnitten
1	violette Kartoffel, in feine Streifen geschnitten
12	Perlzwiebeln (Rezept Seite 149)

Öl zum Frittieren

ZUBEREITUNG

Die Kalbsbäckchen parieren und von Fett und Sehnen befreien. Die Bäckchen im Bräter rundherum in Butterschmalz anbraten und das Mirepoix zugeben. Das Gemüse anrösten und Tomatenmark zufügen, nach und nach mit dem Rotwein ablöschen und glacieren, dann den Kalbsfond und die Gewürze zufügen. Die Kalbsbäckchen im Ofen bei 200 °C zugedeckt etwa 1 Stunde schmoren, bis das Fleisch saftig weich ist. Dann die Bäckchen in Alufolie wickeln und warm stellen. Den Barolo in einem Topf auf ein Drittel einkochen, den Schmorfond durch ein feines Sieb passieren und dazugeben, je nach Konsistenz noch etwas einkochen und mit etwas altem Balsamico abschmecken.

Für das Stielmus den Rübstiel gut waschen, die Hälfte der Blätter fein schneiden und gut trocknen. Die restlichen Blätter und Stiele grob schneiden und in kochendem Salzwasser bissfest kochen, auf einen Durchschlag geben und in einem Küchentuch gut auswringen, dann in einer Küchenmaschine fein pürieren. Nebenbei die Schalottenwürfel in heißer Butter anschwenken, mit Mehl abstäuben und mit Weißwein und Sahne glatt rühren. Die Sahnesauce dickflüssig einkochen, das Rübstielpüree sowie die fein geschnittenen Blätter zugeben und noch 2 Minuten unter Rühren köcheln, mit Salz und Pfeffer abschmecken.

Anrichten
Die Kartoffeln in heißem Öl knusprig frittieren, auf Küchenkrepp abtropfen lassen und leicht salzen. Auf jeden Teller 3 erwärmte Perlzwiebeln setzen. Die heißen Kalbsbäckchen auf den Teller geben, dazu 1 Nocke vom Stielmus, die Bäckchen mit der Sauce nappieren und mit dem Kartoffelstroh dekorieren.

Mein Weintipp

1999 Chambolle-Musigny „Derrière le Four" Domaine Gérard Seguin Côte de Beaune

Seit Jahrzehnten jagen Hunderte von Winzern sowohl in der alten als auch in der neuen Weinwelt einem Mythos hinterher: Dem großen Burgunder. Jahr für Jahr versuchen sie, dem dortigen Boden einen Most in annähernder Perfektion zu entlocken. Lange Zeit suchten sie und wussten doch nicht wonach. Denn ein so vollkommener Pinot Noir wie dieser hat einfach nichts Greifbares. So pikant in der Frucht, dass uns das Wasser im Mund zusammenläuft, uns immer wieder nachschmecken lässt.

Beschreibungen wie Erdbeere, Schwarzkirsche, Wild und Pilze sind nur Näherungen seines Geschmacks. Vokabeln wie Vielschichtigkeit, Komplexität, Finesse tragen ihm bei weitem nicht Rechnung, reicht doch unser Wortschatz für eine exakte Charakteristik nicht aus. Die Rebsorte und das Wissen um deren Handhabung konnte man sich nehmen. Die Weinberge, den einzigartigen Boden jedoch nicht. Viele lernen daraus, kreieren ihren eigenen Stil und erzeugen heute wiederum einzigartige Weine. Bereiten sich heute von Zeit zu Zeit einen Wildhasenrücken oder ein Kalbsbäckchen in entsprechender Sauce zu, öffnen ein Fläschchen Chambolle und lachen innerlich über den Wahnwitz, einen Mythos kopieren zu wollen.

Geschmorte Kalbsbäckchen mit Barolosauce, Stielmus und eingelegten Perlzwiebeln

FLEISCHGERICHTE

ZUTATEN
für 4 Personen

1	Kalbsniere, etwa 400 g
300 g	Kalbsbries
je 1	Rosmarin- und Thymianzweig
1	Blumenkohl
2	kleine Brokkoli

1 Spritzer Essig
Butterschmalz
Salz und Pfeffer

Senfsauce

1	kleine Kartoffel
1	Schalotte
50 g	Butter
100 ml	Noilly Prat
100 ml	Weißwein
200 ml	Kalbsfond, hell und kräftig
100 g	Sahne
50 g	Butter
2 EL	körniger Dijonsenf

1 Spritzer weißer Balsamico
1 EL fein geschnittener Estragon
1 EL geschlagene Sahne
Salz und Pfeffer aus der Mühle

Selleriepüree (Rezept Seite 132, doppelte Menge)
2 EL flüssige Butter
4 EL Balsamicojus (Rezept Seite 86)

ZUBEREITUNG

Die Kalbsniere und das Kalbsbries getrennt in kaltem Wasser für einige Stunden wässern. Dann auf Küchenkrepp trocken tupfen und Fett und Äderchen wegschneiden. Das Bries in Salzwasser mit etwas Essig und einem Rosmarin- und einem Thymianzweig etwa 3 Minuten blanchieren. Das Bries in Röschen zupfen.

Die Kalbsnieren in nussgroße Stücke schneiden und zum Servieren in einer heißen Pfanne mit Butterschmalz ansautieren, nach 1 Minute das Kalbsbries zugeben, noch etwa 3 Minuten mitsautieren, mit Salz und Pfeffer würzen, aus der Pfanne nehmen und auf Küchenkrepp abtropfen lassen.

Den Blumenkohl und den Brokkoli in jeweils 32 Röschen zerteilen und diese in einem Dampfeinsatz mit Salzwasser gar dämpfen.

Für die Senfsauce die Kartoffel und die Schalotte würfeln und in etwas Butter anschwitzen, dann mit Noilly Prat und Weißwein ablöschen. Den Alkohol auf die Hälfte einkochen, mit Kalbsfond und Sahne auffüllen und noch etwa 10 Minuten einköcheln. Die Sauce mit der Butter im Mixer fein mixen und durch ein feines Sieb passieren, dann mit dem groben Senf, Salz, Pfeffer und weißem Balsamico abschmecken. Kurz vor dem Anrichten den fein geschnittenen Estragon und die geschlagene Sahne zufügen.

Anrichten

Das Selleriepüree mit einer Spritztülle mittels eines Ringes rund auf den Teller spritzen. Dann die Brokkoli- und Blumenkohlröschen abwechselnd in das Püree setzen und mit flüssiger Butter bepinseln, nun kurz im Ofen warm stellen und in der Zwischenzeit die Nieren und das Bries sautieren, diese dann in dem Ring anrichten und mit schaumiger Senfsauce nappieren.

Außen herum einen Faden von heißer Balsamicojus ziehen und gleich servieren.

Kalbsniere

Kalbsnieren gelten als Delikatesse. Die etwa 400 g schwere Kalbsniere unterscheidet sich von der Rinderniere in ihrer Größe und ist heller und zarter. Während bei anderen Nieren der Fettmantel entfernt werden sollte, lässt sich die Kalbsniere mit der dünnen Fettschicht besser braten und schmoren.

Sauté von Kalbsbries und Nieren mit Senfsauce, Blumenkohl und Brokkoli

FLEISCHGERICHTE

ZUTATEN
für 4 Personen

4	Kalbsleberscheiben à 120 g

Mehl zum Bestäuben
Olivenöl
Salz und Pfeffer aus der Mühle

Zwiebelconfit

2	weiße Zwiebeln
1 EL	Gänseschmalz
50 ml	Weißwein
50 ml	weißer Balsamico
50 g	Zucker
1 Msp.	Safranpulver
1	Thymianzweig
1 Msp.	grüner gemahlener Anis

Pfefferkirschen

32	frische Kirschen oder TK
50 g	Zucker
50 ml	Rotwein
50 ml	Portwein
50 ml	Kirschsaft

kalte Butterwürfel zum Binden
weißer Pfeffer aus der Mühle

Kartoffel-Zucchini-Küchle

1	kleine Zucchini
100 g	mehlige und gekochte Kartoffeln
1	Ei
1 EL	Milch
1 EL	Sahne
1 EL	Mehl

Balsamicojus

400 ml	dunkler Kalbsfond (Rezept Seite 139)
100 ml	roter Portwein
je 1	Rosmarin- und Thymianzweig
10 cl	Balsamico, 12 Jahre alt
20 g	kalte Butterwürfel
2 EL	geschlagene Sahne

ZUBEREITUNG

Für das Zwiebelconfit die Zwiebeln in gleichmäßige Würfel schneiden und in Gänseschmalz andünsten. Weißwein, Balsamico und Zucker mit Safran und Thymianzweig aufkochen und nach und nach zu den Zwiebeln geben und einköcheln, bis ein Kompott mit leichter Bindung entsteht. Dieses mit Salz, Pfeffer und gemahlenem, grünem Anis abschmecken.

Für die Pfefferkirschen die Kirschen vorsichtig entsteinen und bei einigen die Stiele entfernen. Den Zucker karamellisieren lassen und mit Rotwein und Portwein ablöschen. Den Alkohol fast einkochen und dann den Kirschsaft zufügen, etwas einkochen und mit Butterwürfelchen binden. Mit frisch gemahlenem Pfeffer abschmecken und die Kirschen darin glacieren.

Für die Kartoffel-Zucchini-Küchle von der Zucchini die grüne Schale in feine Streifen reiben, die gekochten Kartoffeln mit einer Gabel zerdrücken und das Ei, die Milch, die Sahne und das Mehl unterarbeiten. Dann die Zucchinistreifen unterrühren und die Masse mit Salz und Pfeffer abschmecken. In einer Pfanne mit Butter zu kleinen Küchlein ausbacken und warm stellen.

Für den Balsamicojus den Kalbsfond mit Portwein, Kräutern und Balsamico etwas einkochen, durch ein Sieb passieren und mit kalten Butterwürfeln leicht binden.

Die Kalbsleber mit etwas Mehl bestäuben und in Olivenöl von jeder Seite etwa 3 Minuten braten, zum Schluss mit Salz und Pfeffer aus der Mühle würzen.

Anrichten
Die Kalbsleber in die Mitte des Tellers legen und darauf etwas Zwiebelconfit geben. Die glacierten Kirschen und die Kartoffel-Zucchini-Küchlein darum verteilen, die Leber mit der Sauce nappieren und zum Schluss etwas geschlagene Sahne in die Kirschsauce geben und die Sauce damit marmorieren.

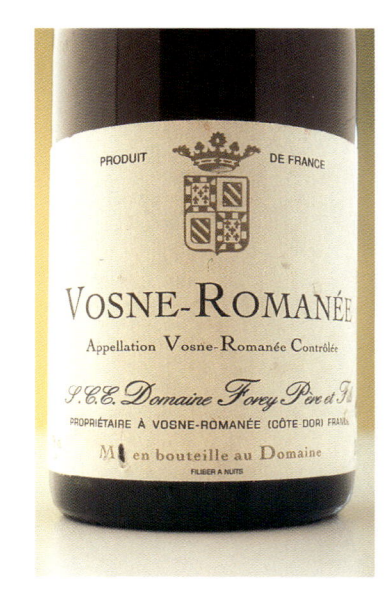

Mein Weintipp
1990 Vosne-Romanée
Domaine Forey, Côte de Nuits

Leider viel zu selten lässt sich ein Wein finden, der durch intensive, vorlaute Vielschichtigkeit und durch Charme seinen künftigen Partner von ganz alleine definiert. Denn schon der erste Duft verteilt eine bis dahin noch nie erlebte Würz-Kräuter-Kombination, durchzogen von feinsten Fruchtspitzen, die trotz ihrer Geradlinigkeit der eigenen Phantasie doch so unglaublich viel Spiel offen lässt. Stilvoll umhüllt wird dies von einer für diese Rebsorte so typischen, femininen Eleganz. Offeriert leicht verständlichen Anspruch. Der Appetit, ihn tiefer zu ergründen, scheint unstillbar. Herausfordern könnte man ihn nun mit einer geschmorten Kaninchenkeule und er würde bestehen, gar siegen. Doch fast noch schöner ist es ausnahmsweise einmal, Gleiches mit Gleichem zu vergelten. Sein Inneres im lukullischen Gefährten einfach widerzuspiegeln. Den melodischen Körper mit einer zart intensiven Kalbsleber auszubalancieren. Die Frucht der Kirschen, die ihn prägen, durch selbiges im Intimi zu betonen. Ein Spiel, ein Kampf, bei dem es einfach keinen Verlierer und keinen Gewinner geben kann. Statt zu scheitern, wachsen beide aneinander, werden zu Blutsfreunden auf Lebenszeit.

Gebratene Kalbsleber mit Pfefferkirschen, Zwiebelconfit und Kartoffel-Zucchini-Küchle

Kümmel

Die überall gedeihenden Spaltfrüchte des Kümmelkrautes sind wohl das älteste europäische Würzmittel. Aber nicht nur in der Küche, sondern auch in der Heilkunde ist Kümmel bekannt, es wird ihm eine magen- und darmanregende sowie eine appetitfördernde und krampflösende Wirkung nachgesagt.

Grillspieß mit dreierlei Saucen und Kümmelkartoffeln

FLEISCHGERICHTE

ZUTATEN
für 4 Personen

200 g	Entrecôte vom Rind
200 g	Lammhüfte
200 g	Kalbsrücken
100 g	geräucherter Bauchspeck
1	Zwiebel
je 1/2	rote und gelbe Paprikaschote
4	Thymianzweige
5–8	Rosmarinnadeln
6–8 EL	kaltgepresstes Olivenöl
4	kleine, festkochende Kartoffeln
1/2 TL	Kümmel
4	Metallspieße

Salz und Pfeffer aus der Mühle

Paprikasauce

1	rote Paprikaschote
1	Schalotte
1 EL	kaltgepresstes Olivenöl
60 ml	heller Kalbsfond (Rezept Seite 139)
1 TL	Tomatenmark
1–2	Tropfen Tabasco

Currysauce

4 EL	Mayonnaise (Rezept Seite 142)
1 EL	Currypulver Madras
2 EL	feingewürfelte Ananas
1 TL	Cognac
1/2 TL	Zitronensaft
1 Pr.	Salz

Kräuterquark

50 g	Kresse, Petersilie, Basilikum, Dill und Schnittlauch
2 EL	kaltgepresstes Olivenöl
200 g	Magerquark

Salz und Pfeffer aus der Mühle

8	Zucchinischeiben
4	Chicoreeblätter

ZUBEREITUNG

Das Fleisch soweit wie möglich von Häuten und Sehnen befreien. Zusammen mit dem Speck in gleichmäßig große Stücke schneiden. Die Zwiebel abziehen, Paprika putzen und in mundgerechte Stücke schneiden. Die Kräuter hacken und mit dem Olivenöl mischen, damit das Fleisch und Gemüse über Nacht im Kühlschrank marinieren. Dann auf die Spieße abwechselnd Fleisch und Gemüse aufstecken, salzen und pfeffern und auf dem Grillrost von jeder Seite etwa 5 Minuten saftig gar grillen.

Die Kartoffeln gut waschen und abbürsten. Dann in leichtem Salzwasser mit Kümmel gar kochen, abkühlen lassen und halbieren.

Für die Paprikasauce die Paprika vierteln, putzen, gut ausspülen und in feine Streifen schneiden. Die Schalotte abziehen und in Würfel schneiden, dann alles in Olivenöl andünsten und mit der Fleischbrühe auffüllen. Etwa 8 Minuten zugedeckt köcheln, anschließend Tomatenmark zufügen und mit einem Pürierstab grob zermusen. Mit Salz und Tabasco abschmecken.

Für die Currysauce alle Zutaten verrühren und pikant abschmecken.

Für den Kräuterquark die Kräuter mit Olivenöl fein pürieren, mit Quark verrühren und mit Salz und Pfeffer abschmecken.

Anrichten

Zucchinischeiben und halbierte Kartoffeln auf dem Grillrost erhitzen und mit Salz und Pfeffer würzen. Dann auf den Tellern anrichten, je 1 Chicoreeblatt dazulegen und die entsprechenden Saucen verteilen, dann den Spieß auflegen und servieren.

FLEISCHGERICHTE

ZUTATEN
für 4 Personen

240 g	Lammrückenfilet, ohne Fett und Sehnen
8	gelbe Minipatisson (Minikürbis)
200 g	Geflügelfarce, grün gefärbt (Rezept Seite 136)
60 ml	heller Geflügelfond (Rezept Seite 139)

Olivenöl
Salz und Pfeffer aus der Mühle

Risotto

40 g	Butter
1 EL	Schalottenwürfel
120 g	Risottoreis Carnardi
50 ml	Weißwein
200 ml	Gemüsebrühe
2	rote Paprikaschoten
2 EL	Tomatensauce (Rezept Seite 144)
1 EL	geriebener Parmesankäse

1 Spritzer Tabasco
Salz und Pfeffer

200 ml	reduzierter Lammfond (Rezept Seite 140)
1 TL	fein gehackter Oregano

Oreganoblättchen zum Dekorieren

ZUBEREITUNG

Das Lammrückenfilet in 8 gleichmäßige Medaillons schneiden. Die Minipatisson quer halbieren und mit einem Kugelausstecher leicht aushöhlen. Dann in kochendem Salzwasser etwa 1 Minute blanchieren, in Eiswasser abschrecken und auf Küchenkrepp trockenlegen.
Die unteren Hälften der Patissons dünn mit grüner Farce ausstreichen, die Lammmedaillons mit Salz und Pfeffer würzen, auch mit etwas Farce einstreichen und in die Patissons einsetzen. Dann die oberen Hälften von innen mit Farce bestreichen und auf die Medaillons aufsetzen.
Bis zur Weiterverarbeitung kühl stellen, dann die Patissons in einer Auflaufform mit etwas Olivenöl und Geflügelfond im Backofen bei 180 °C abgedeckt etwa 8 Minuten garen.

Für das Risotto in eine heiße Sauteuse die Hälfte der Butter, Schalotten und den abgespülten Reis geben. Kurz schwenken und sofort den Wein und die Brühe zugeben. Nun leicht köchelnd, ab und zu rührend, das Risotto etwa 20 Minuten körnig gar kochen.
Nebenbei die Paprikaschoten schälen, in Streifen schneiden und in der Tomatensauce gar köcheln. Zum Schluss die Paprika, die restliche Butter und den Parmesan ins Risotto einrühren und mit Salz, Pfeffer und Tabasco fein abschmecken.

Anrichten
Das Risotto in der Mitte der Teller anrichten und je 1 gefüllten Patisson darauf setzen. Die restlichen 4 Patissons in der Mitte durchschneiden und dazu fügen. Die Lammjus mit dem gehackten Oregano aufkochen und um das Risotto herumgießen. Mit Oreganoblättchen dekorieren.

Mein Weintipp

1996 Puligny Montrachet
„Les Demoiselles"
Premier Cru
Domaine Amiot Guy
Côte de Beaune

Ein weit verbreitetes Sprichwort besagt, man finde zu jedem Topf den passenden Deckel. Selbiges soll angeblich auch für die Welt des Weines Gültigkeit besitzen. Wählt man jedoch einen solch mächtigen „Deckel" wie diesen Puligny, muss man schon gewaltig auftragen. Bei einem Wein mit diesem Volumen, mit einer selbst für das Burgund einzigartigen Mineralität, bei welcher man, um zu vergleichen, schon tief in die Grand Cru Tasche greifen muss, kann der Topf, auf welchen dieser Chardonnay passt, gar nicht groß genug sein.

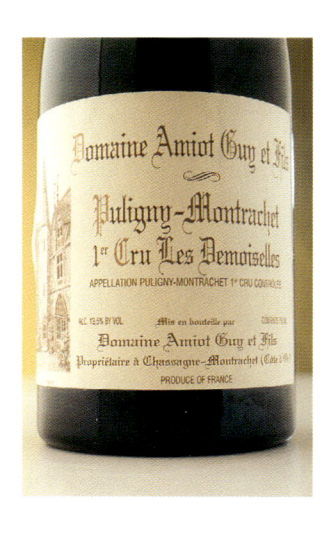

Nicht die Frucht, sondern eine selbst in der Jugend sich ungewöhnlich in den Vordergrund drängende Würze dominiert ihn. Ein Fischgericht, und sei es noch so intensiv, wird ihm schon lange nicht mehr gerecht. Da sollte man schon, so gewagt es klingen mag, zum Fleisch greifen. Fordern Sie ihn heraus zum Vergleich mit dem Lammrückenfilet im Patisson, dem Pot au feu von Tafelspitz oder dem Sauté von Kalbsbries, und Sie werden ungeahnte Sinnesfreuden erleben.

Lammrücken im Minipatisson mit Paprikarisotto

Lammhaxe

Die Haxe ist wegen des hohen Bindegewebeanteils und des mageren Fleisches ein ausgezeichnetes Teilstück des Lamms. Sie eignet sich besonders für die Zubereitung von Fonds oder Saucen sowie zum Braten und Schmoren.

Geschmorte Lammhaxe mit Kartoffel-Bohnen-Gemüse und Bergbohnenkrautsauce

FLEISCHGERICHTE

ZUTATEN
für 4 Personen

4	Lammhaxen
500 g	Mirepoix (Röstgemüse von Zwiebeln, Karotten und Staudensellerie)
1 EL	Tomatenmark
300 ml	Rotwein
1 l	Lammfond oder heller Kalbsfond (Rezept Seite 140)
2	Knoblauchzehen
2	Bohnenkrautzweige
je 1	Thymian- und Rosmarinzweig
10	Pfefferkörner
10	Korianderkörner
2	Pimentkörner
2	Lorbeerblätter
1	Sternanis
1 TL	gehacktes Bohnenkraut

Olivenöl zum Braten
Salz und Pfeffer aus der Mühle

Kartoffel-Bohnen-Gemüse

4	festkochende Kartoffeln
500 g	Schneidebohnen
1	gewürfelte Schalotte
100 g	Sahne
4 EL	dicke, grüne Bohnenkerne (TK)
2 g	frisch gehacktes Bohnenkraut

1 Spritzer weißer Balsamico
Salz und Pfeffer aus der Mühle

Paprikasauce

1	rote Paprika
100 ml	Olivenöl

Salz, Pfeffer, Zucker
Tabasco

ZUBEREITUNG

Die Lammhaxen im Bräter rundherum in Olivenöl anbraten und das Mirepoix zugeben.
Das Gemüse anrösten und Tomatenmark zufügen. Nach und nach mit dem Rotwein ablöschen und glacieren, dann den Lammfond, die Kräuter und die Gewürze zufügen. Die Lammhaxen im Ofen bei 200°C zugedeckt etwa 2 Stunden schmoren, bis sich das Fleisch leicht vom Knochen löst. Dann die Haxen warm stellen, den Schmorfond durch ein feines Sieb passieren und je nach Konsistenz noch etwas einkochen. Mit gehacktem Bohnenkraut vollenden und mit Salz und Pfeffer würzen.

Für das Gemüse die Kartoffeln schälen, in kleine Würfel schneiden und in Salzwasser blanchieren. Sie sollen bissfest bleiben. Die Schneidebohnen in Rauten schneiden und ebenfalls blanchieren. Die Schalottenwürfel mit etwas Butter anschwitzen und mit Sahne verkochen, mit Salz, Pfeffer und weißem Balsamico abschmecken und die Kartoffeln, die Schneidebohnen und die ausgepellten, grünen Bohnenkerne dazugeben. Zum Schluss gehacktes Bohnenkraut zufügen.

Für die Sauce die Paprika im Ofen backen, bis sich die Haut abziehen lässt, dann das Paprikafleisch mit Olivenöl in einer Küchenmaschine fein mixen und mit Salz, Pfeffer, Zucker und Tabasco würzig abschmecken.

Anrichten
Das Bohnengemüse auf dem Teller platzieren, darauf die Lammhaxe setzen und mit etwas von der Fleischsauce nappieren. Die Paprikasauce in eine kleine Spritztüte aus Pergament füllen und den Teller damit dekorieren.

Mein Weintipp
1989 Clos de la Roche
Grand Cru Domaine Ponsot
Côte de Nuits

Ein Wein, für dessen Beschreibung man tausende und im selben Atemzug doch gar keine Worte benötigt. Ihn innerhalb oder gar harmonierend zu einem Menü zu servieren scheint unmöglich. Klüger wäre es, ihn mitten im Menü einzubauen, als Hauptgang. Oder ihn mit seinesgleichen aufzuwiegen. Und zwar mit einer Ansammlung von Intensitäten, wie wir sie nur in gewaltigen Schmorgerichten wiederfinden. Die geschmorte Lammhaxe scheint eine optimale Grundlage, die Rehschulter natürlich geschmort, serviert mit einer Blutsauce, offeriert das Fundament, auf welches er sich stützen möchte, um Ihnen seine Fülle von Aromen anzubieten. Sein unfiltrierter Körper vermählt sich ohne Zweifel spielend mit der kräftigen Sauce. Seine Eleganz lockert die Schlichtheit dieser Gerichte, vollendet den scheinbar unerschöpflichen Kampf dieser Giganten.

FLEISCHGERICHTE

ZUTATEN
für 4 Personen

320 g	Filet vom Wildhasenrücken oder sauber pariertes Rehfilet
4–8	Toastbrotscheiben ohne Rinde, etwa 5 mm dünn geschnitten
80 g	Geflügelfarce, grün gefärbt (Rezept Seite 136)

Salz und Pfeffer aus der Mühle

Schwarzwurzelgemüse

4	Schwarzwurzeln
1	Schalotte
50 ml	Noilly Prat
100 g	Sahne

etwas Butter
Salz, Pfeffer und Zucker

Maronensauce

100 g	geschälte Maronen
20 g	Butter
400 ml	Wildfond (Rezept Seite 141)
200 g	Sahne
100 ml	trockener Sekt

1 Spritzer Cognac
etwas Zucker
Salz und Pfeffer
Butterschmalz

40	grüne Rosenkohlblätter
2 EL	eingemachte Holunderbeeren (Rezept Seite 149)
1 EL	geschlagene Sahne
8	Maronen als Garnitur

ZUBEREITUNG

Das Wildhasenfilet in fingerdicke Portionen zu je 80 g schneiden, die Toastbrotscheiben den Fleischstücken entsprechend zuschneiden und auslegen, dann mit der grünen Farce dünn bestreichen. Das Wildhasenfilet salzen und pfeffern, mit der grünen Farce einstreichen und mit Hilfe von Klarsichtfolie stramm in den Brotmantel einrollen, die Enden der Folie zudrehen und 1 Stunde lang kühl stellen.

Die Schwarzwurzeln sauber schälen und in gleichmäßige Stifte schneiden, diese sofort in einer Mischung aus Salzwasser und Milch (1:1) gar kochen. Die Schwarzwurzelabschnitte mit den grob geschnittenen Schalotten in Butter glasig dünsten, mit Noilly Prat ablöschen, diesen einkochen lassen, mit Sahne auffüllen und die Schwarzwurzeln darin gar ziehen lassen. Alles kurz mixen und durch ein feines Sieb passieren, mit Salz, Pfeffer und Zucker abschmecken.

Für die Maronensauce die Maronen grob schneiden und mit Butter und Zucker karamellisieren, dann mit Wildfond und Sahne auffüllen. Die Flüssigkeit um 1/3 einkochen lassen, kurz mixen und durch ein feines Haarsieb passieren. Die Sauce mit Sekt vermischen und auf die gewünschte Konsistenz einkochen, mit Cognac, Salz und Pfeffer abschmecken. Nebenbei die Rosenkohlblättchen etwa 10 Sekunden in kochendem Salzwasser blanchieren, in Eiswasser abschrecken und auf Küchenkrepp abtropfen. Das Wildhasenfilet im Brotteig in heißem Butterschmalz von allen Seiten anbraten und bei 200 °C für 3–4 Minuten auf einem Gitter im Backofen zu Ende garen.

Anrichten

Die Rosenkohlblätter in Butter anschwenken, zu einem kleinen Nest anrichten und die warmen Schwarzwurzelstifte darauf verteilen. Die Schwarzwurzelsauce schaumig aufmixen und die Schwarzwurzeln damit nappieren. Das Wildhasenfilet schräg aufschneiden und hochkant auf dem Teller platzieren. Die Maronensauce auf den Teller geben, die warmen Holunderbeeren mit geschlagener Sahne marmorieren und einen schönen Faden in die Sauce ziehen. Mit den Maronen garnieren.

Schwarzwurzeln

Schwarzwurzeln können ähnlich wie Spargel geschält werden. Gummihandschuhe helfen hierbei, das lästige Verkleben der Finger durch den Milchsaft der Wurzeln zu verhindern. Der Milchsaft ist nicht nur klebrig, er oxidiert auch schnell und die Schwarzwurzeln werden unansehnlich und braun. Legen Sie die Stücke in eine Milchflüssigkeit – auch beim Kochen hilft das Hinzufügen von Milch die schöne helle Farbe der Schwarzwurzeln zu erhalten.

Filet vom Wildhasen in der Brotkruste mit Schwarzwurzeln und Maronensauce

CHAMPAGNER-KUTTELN MIT PULPO UND BLATTSALATSAUCE

ZUTATEN
für 8 Personen oder 24 Amuse bouche Portionen

600 g	Kalbskutteln (beim Metzger vorbestellen)
300 ml	heller Kalbsfond (Rezept Seite 139)
50 ml	Weißwein
1 Spritzer Sherry-Essig	
30 g	kalte Butterwürfel
1/2	Zwiebel, gespickt mit 1 Lorbeerblatt und 2 Nelken
1 EL	Mehl
200 g	Sahne
1 EL	Crème fraîche
40 ml	Champagner
1 EL	geschlagene Sahne
Salz und weißer Pfeffer aus der Mühle	

Pulpo

etwa 600 g frischer Pulpo	
150 g	Mirepoix von Schalotten, Staudensellerie und Lauch
150 ml	Olivenöl
100 ml	Weißwein
100 ml	Noilly Prat
1	Thymianzweig
1	Rosmarinzweig
10	weiße Pfefferkörner
2	Lorbeerblätter
2	Pimentkörner
1	Knoblauchzehe
Salz	

Blattsalatsauce

1	kleine Kartoffel
1	Schalotte
100 ml	Noilly Prat
100 ml	Weißwein
200 ml	heller Geflügelfond (Rezept Seite 139)
100 g	Sahne
1 St.	Lattich oder Romanasalat
1/2 Bd.	Brunnenkresse
1/2 Bd.	Blattpetersilie
1/2 Bd.	Kerbel
2	Estragonzweige
50 g	Butter
1 Spritzer weißer Balsamico	
Salz und Pfeffer aus der Mühle	

ZUBEREITUNG

Die geputzten und blanchierten Kutteln in Streifen schneiden, mit warmem Wasser, 1 Spritzer Essig und 1 Prise Salz gut bedecken, etwa 30 Minuten kochen und abschütten. Jetzt mit Kalbsfond, Weißwein, Sherry-Essig und gespickter Zwiebel weich kochen. Die Zwiebel herausnehmen und die Kutteln auf ein Sieb schütten, den Fond auffangen. In eine warme Sauteuse die Butter geben, Mehl einrühren und nun mit Sahne und dem Kuttelfond auffüllen, gut verrühren und sämig bindend einkochen lassen. Herzhaft abschmecken und passieren, nun die Kutteln hineingeben, aufkochen und warm halten.

Der Pulpo sollte sehr frisch und von fester Konsistenz sein. Säubern, den Kopf abschneiden und die Arme einzeln trennen. Das helle Mirepoix in etwas Olivenöl anschwitzen und mit Weißwein und Noilly Prat ablöschen, die Pulpoarme zufügen, ebenso die Kräuter und Gewürze, mit Wasser bedecken und leicht salzen. Alles zusammen aufkochen und dann auf kleiner Flamme etwa 40 Minuten ziehen lassen, der Pulpo sollte dann noch einen schönen Biss haben, aber gar sein. Den Pulpo im Fond auskühlen lassen.

Für die Blattsalatsauce die Kartoffel und die Schalotte würfeln und in etwas Butter anschwitzen, dann mit Noilly Prat und Weißwein ablöschen. Den Alkohol auf die Hälfte einkochen, dann mit Geflügelfond und Sahne auffüllen und noch etwa 10 Minuten köcheln lassen.

Inzwischen den Lattich, die Kresse und die Blattpetersilie in kochendem Salzwasser blanchieren, in Eiswasser abschrecken und trocken ausdrücken. Die Grundsauce mit den blanchierten Salaten, Kerbel, Estragon und der Butter im Mixer pürieren und durch ein feines Sieb passieren, dann mit Salz, Pfeffer und weißem Balsamico abschmecken.

Anrichten

Den Pulpo in Stücke schneiden und in Olivenöl ansautieren. Kurz vor dem Servieren Crème fraîche, Champagner und geschlagene Sahne unter die Kutteln rühren, aufkochen lassen und in tiefen Tellern oder kleinen Schälchen anrichten und darauf die Pulpostücke geben. Die Blattsalatsauce aufmixen und etwas Schaum außen herumgießen.

KALBSRÖLLCHEN MIT COGNAC-RAHM-SAUCE, SCHWARZWURZELN UND PETERSILIENSPÄTZLE

ZUTATEN
für 4 Personen

8	Kalbsschnitzel à 50 g, vom Rücken oder aus der Nuss geschnitten
2	Eier, 8 Minuten gekocht
4	Toastbrotscheiben, ohne Rinde
80 g	Rindermark (gewässert)
2 EL	fein gehackte Petersilie
1/2 TL	fein gehackter Thymian
20 g	Butterschmalz oder geklärte Butter
100 g	Zwiebeln
100 g	Karotten
50 g	Sellerie
50 g	Speckschwarte
1/2 EL	Mehl
100 ml	trockener Weißwein
1 l	dunkler Kalbsfond (Rezept Seite 139)
8	schwarze Pfefferkörner, zerdrückt
1	Gewürznelke
1	Lorbeerblatt
1	Thymianzweig
100 g	Sahne

FLEISCHGERICHTE

4 cl Cognac
1 EL geschlagene Sahne
Salz und weißer Pfeffer aus der Mühle

Schwarzwurzeln
2–4 Schwarzwurzeln
1 Zitrone
250 ml Milch
20 g Butter
1 EL Mehl
200 g Sauerrahm
Salz und weißer Pfeffer aus der Mühle

250 g Petersilienspätzle
(Rezept Seite 135)

ZUBEREITUNG
Die Kalbsschnitzel zwischen Klarsichtfolie legen und zu etwa 12 x 12 cm flachen Stücken klopfen. Die Eier pellen und durch ein grobes Sieb drücken oder durch die Spätzlepresse geben. Das entrindete Brot im elektronischen Zerkleinerer zerbröseln. Das Rindermark in kleine Würfel schneiden, in ein Spritzsieb geben und 3 Sekunden ins kochende Wasser halten. Sofort in Eiswasser abschrecken und gut abtropfen lassen. Eier, Brot und Rindermark in eine Schüssel geben und vermischen. Die Kräuter zufügen und mit Salz und Pfeffer würzen. Diese Masse auf die Fleischscheiben streichen, diese aufrollen und mit Zahnstocher oder Küchenzwirn befestigen. Die Fleischröllchen rundherum leicht pfeffern und salzen.

In einem kleinen Bräter das Butterfett erhitzen und das Fleisch von allen Seiten 2–3 Minuten darin anbraten. Herausnehmen und zur Seite stellen.

Die Zwiebeln schälen, Karotten und Sellerie putzen, alles klein schneiden und zusammen mit der gewürfelten Speckschwarte in das Bratfett geben. Kurz anrösten. Mit Mehl bestäuben und 2 Minuten unter Rühren anschwitzen. Mit dem Wein ablöschen und mit dem Fond auffüllen. Die Gewürze zufügen und einmal aufkochen lassen.

Die Kalbsröllchen einlegen und zugedeckt in den vorgeheizten Backofen schieben. Bei 180 °C etwa 25 Minuten schmoren. Das Fleisch herausnehmen und mit Alufolie abgedeckt warm halten. Die Sauce durch ein feines Sieb passieren. Wieder auf den Herd stellen, die Sahne unterrühren und auf 1/4 Liter Flüssigkeit einköcheln lassen. Mit Salz und Cognac abschmecken. Kurz vor dem Servieren die Schlagsahne unterziehen.

Die Schwarzwurzeln unter fließendem, kaltem Wasser bürsten. Danach schälen und sofort in ein Gemisch aus Zitronensaft, Milch und Wasser legen, damit sie sich nicht verfärben. Die Stangen in gleichmäßige Scheibchen hobeln oder schneiden und in leichtem Zitronen-Salzwasser gerade bedeckt bissfest kochen. Den Kochfond passieren und auf etwa 100 ml einreduzieren lassen. Butter in einer Sauteuse erhitzen, Mehl einrühren, mit Sauerrahm und dem Fond auffüllen und unter Rühren etwa 5 Minuten dickflüssig einköcheln lassen. Die Sauce durch ein Sieb passieren, die Schwarzwurzelscheiben dazugeben, einmal aufkochen lassen und mit Salz, Pfeffer und Zitrone abschmecken.

Anrichten
Die Kalbsröllchen von Hölzchen oder Zwirn befreien. Jeweils 2 auf vorgewärmte Teller geben, mit der aufgeschäumten Sauce nappieren und mit den in Butter angeschwenkten Petersilienspätzle und Schwarzwurzeln servieren.

GEFÜLLTES WACHTELBRÜSTCHEN MIT PORTWEINJUS UND WACHTELSPIEGELEI

ZUTATEN
für 4 Personen oder 12 Amuse bouche Portionen

12 Wachtelbrüste
120 g Gänseleber
2 EL Geflügelfarce (Rezept Seite 136)
2 EL Mehl
1 Ei
2 EL frisch geriebenes Toastbrot oder Paniermehl
2 EL Haselnussgrieß
1 TL fein gehackte Kräuter
1 Bd. Brunnenkresse
50 ml Traubenkernöl
1 EL geschlagene Sahne
200 g Kartoffelpüree

Portweinjus
300 ml dunkler Kalbsfond (Rezept Seite 139)
100 ml roter Portwein
je 1 Rosmarin- und Thymianzweig
1 EL kalte Butterwürfel

12 Wachteleier
Butterschmalz
Salz und rosa Pfeffer aus der Mühle

ZUBEREITUNG
Die Wachtelbrüste längs einschneiden und mit Salz und Pfeffer würzen. Die Gänseleber mit einem scharfen Messer in 12 Scheiben schneiden, die Wachtelbrüste dünn mit Farce bestreichen und die Gänseleberscheiben in die Wachtelbrüste einle-

gen. Die Brüste von außen würzen, mit Mehl bestäuben, in das verquirlte Ei tauchen und mit einer Mischung aus geriebenem Toastbrot, Haselnussgrieß und Kräutern panieren. Kalt stellen.

Die Brunnenkresseblätter zupfen und in kochendem Salzwasser blanchieren, in Eiswasser abschrecken und gut ausdrücken. Die Brunnenkresse mit Traubenkernöl in einer Küchenmaschine fein mixen und unter das warme Kartoffelpüree ziehen, mit Salz und Pfeffer abschmecken und zum Schluss die geschlagene Sahne unterheben.

Für die Portweinjus Kalbsfond mit Portwein, Rosmarin- und Thymianzweig etwa auf die Hälfte einkochen, dann passieren und mit kalten Butterwürfeln montieren.

Anrichten
Die Wachtelbrüstchen in Butterschmalz knusprig und saftig ausbacken. Die Wachteleier bei milder Hitze braten, mit Salz und rosa Pfeffer würzen und rund ausstechen. Das Püree in der Tellermitte anrichten, je 3 Wachtelbrüstchen mit 3 Wachteleiern darauf setzen und die Portweinjus außen herum gießen.

GRATINIERTES BRIES VOM MILCHLAMM AUF BOHNENGEMÜSE MIT THYMIANJUS

ZUTATEN
**für 4 Personen oder
16 Amuse bouche Portionen**

320 g	Milchlamm-Bries (beim Metzger vorbestellen)
1/2	Knoblauchzehe
2	Thymianzweige
2 EL	Olivenöl

Salz und Pfeffer aus der Mühle

Bohnengemüse
200 g	Schneidebohnen
1/2	gewürfelte Schalotte
1 EL	Butter
4 EL	gekochte Coco-Blanc-Bohnen
1 Msp.	frisch gehacktes Bohnenkraut

Salz und Pfeffer aus der Mühle

Thymianjus
300 ml	dunkler Lammfond (Rezept Seite 140)
2	Thymianzweige
1 EL	kalte Butterwürfel
4	Scheiben Schalottenbutter, sehr dünn geschnitten (Rezept Seite 137)

ZUBEREITUNG
Das Milchlamm-Bries putzen, wässern und zum Servieren mit Salz und Pfeffer würzen und mit Knoblauch und Thymian in Olivenöl etwa 4 Minuten sautieren.

Für das Bohnengemüse die Schneidebohnen in Rauten schneiden und in kochendem Salzwasser blanchieren, dann in Eiswasser abschrecken und abtropfen. Die Schalottenwürfel mit Butter anschwitzen und die Schneidebohnen sowie die Coco-Blanc-Bohnen zugeben. Mit Salz, Pfeffer und Bohnenkraut abschmecken.

Für die Thymianjus den Lammfond mit den Thymianzweigen auf die Hälfte einkochen, dann passieren und mit Butterwürfeln montieren.

Anrichten
Das warme Lammbries mit der Schalottenbutter belegen und unter der Oberhitze im Backofen gratinieren, die Butter sollte aber keine Farbe annehmen. Das Bohnengemüse auf dem Teller platzieren, darauf das Lammbries setzen und mit etwas Thymianjus angießen.

SCHWEINEFILET IM SPECKPFANNKUCHEN AUF BUNTEM LINSENGEMÜSE

ZUTATEN
für 4 Personen

100 g	Kalbs- oder Geflügelfarce (Rezept Seite 136 oder Kalbsbrät vom Metzger)
400 g	sauber pariertes Schweinefilet

Salz und Pfeffer aus der Mühle

Speckpfannkuchen
1 EL	Schalottenwürfel
30 g	geräucherter Bauchspeck
30 g	Butter
75 g	Mehl
100 ml	Milch
20 ml	Weißwein
2	Eier
2 EL	feingeschnittener Schnittlauch

Salz und Pfeffer aus der Mühle

Linsengemüse
4 EL	grüne Berglinsen
4 EL	rote Linsen
4 EL	gelbe Linsen
1 EL	Schalottenwürfel
1 EL	geräucherte Bauchspeckwürfel
40 g	Butter
60 ml	heller Geflügelfond (Rezept Seite 139)
1 EL	alter Balsamico
1 EL	gehackte Kräuter: Petersilie, Thymian, wenig Liebstöckel

Salz und Pfeffer aus der Mühle

ZUBEREITUNG
Für die Speckpfannkuchen Schalotten und den Bauchspeck in feine Würfel schneiden, in heißer Butter anschwenken und abkühlen.

Aus Mehl, Milch, Weißwein und Eiern den Pfannkuchenteig herstellen, mit Pfeffer und Salz abschmecken und etwas ruhen lassen. Dann Speck, Schalotten und Schnittlauch zufügen und 2–3 dünne Pfannkuchen in einer Teflonpfanne von 26 cm Durchmesser ausbacken.

Die kalten Pfannkuchen auf 30 x 20 cm zuschneiden und 3 mm dick mit der Kalbsfarce bestreichen. Das Schweinefilet mit Salz und Pfeffer würzen und straff in den

Pfannkuchen einrollen, an den Seiten zudrücken und kalt stellen.
Das Schweinefilet im Pfannkuchen zum Servieren mit Butter einpinseln und für etwa 12 Minuten bei 200 °C im Backofen garen, danach für 4 Minuten abgedeckt an einem warmen Ort ruhen lassen.

Für das Linsengemüse die Linsen schon 2 Tage vorher in reichlich kaltem Wasser einweichen, kühl stellen und einmal das Wasser wechseln. Dadurch haben sie eine kurze Garzeit und die Farbe bleibt erhalten. Schalotten und Speck in 10 g heißer Butter anschwenken und die abgetropften Linsen hinzugeben. Fond zugeben und abgedeckt etwa 3—4 Minuten köcheln lassen. Von der Brühe etwas abgießen und die Linsen mit der restlichen Butter sämig binden. Mit 1 Spritzer Balsamico, Kräutern sowie Salz und Pfeffer herzhaft abschmecken.

Anrichten
Zum Servieren das Linsengemüse auf heiße Teller verteilen, je 2 Scheiben vom portionierten Schweinefilet auflegen und servieren.

HIMMEL UND ERDE MIT GEFLÜGEL-BLUTWURST UND BALSAMICOSAUCE

ZUTATEN
für 4 Personen oder 16 Amuse bouche Portionen

16	Scheiben Geflügelblutwurst (oder andere Blutwurst vom Metzger)
Mehl zum Bestäuben	
50 g	Butter
2	Boskopäpfel
1 EL	Butterschmalz oder geklärte Butter
1 EL	Zucker oder Honig

Apfel-Kartoffel-Püree
500 g   Boskopäpfel
500 g   mehlige Kartoffeln
50 g   gewürfelter Bauchspeck
80 g   Schalotten- oder Zwiebelwürfel
2 EL   Butter
200 ml Apfelsaft
Salz, Pfeffer, Zucker

Balsamicosauce
400 ml dunkler Kalbsfond (Rezept Seite 139)
100 ml roter Portwein
1   Rosmarinzweig
1   Thymianzweig
1 Spritzer alter Balsamico

ZUBEREITUNG
Für das Apfel-Kartoffel-Püree die Äpfel und Kartoffeln schälen und vierteln, Kartoffeln separat in Salzwasser gar kochen und gut ausdämpfen lassen. Speck- und Schalottenwürfel in Butter anschwitzen, Äpfel zugeben und mit Apfelsaft etwas einkochen. Die Kartoffeln zufügen und mit einem Kartoffelstampfer zerstampfen. Mit Salz, Pfeffer und Zucker abschmecken.

Für die Balsamicosauce den Kalbsfond mit dem Portwein, Rosmarin- und Thymianzweig etwa auf die Hälfte einkochen, dann passieren und mit altem Balsamico würzig abschmecken.
Die Blutwurstscheiben mit Mehl bestäuben und in heißer Butter braten.

Die Boskopäpfel in je 8 Spalten schneiden und in Butterschmalz und Zucker karamellisieren.

Anrichten
Das Apfel-Kartoffel-Püree in der Tellermitte anrichten, darauf die Blutwurstscheiben und Apfelspalten anrichten und mit Balsamicosauce nappieren.

Tipp
Nach Wunsch kann man gebackene Zwiebelscheibchen dazureichen.

FLEISCHGERICHTE

REHRÜCKENFILET IM STEINCHAMPIGNON MIT BERGPFEFFERSAUCE UND SPITZKOHL

ZUTATEN

**für 4 Personen oder
16 Amuse bouche Portionen**

160 g	pariertes Rehrückenfilet
4	Steinchampignons von 8 cm Durchmesser
oder	
8	Steinchampignons von 4 cm Durchmesser
160 g	Geflügelfarce oder Rehfarce, grün gefärbt (Rezept Seite 136)
50 ml	Geflügelfond (Rezept Seite 139)

Salz und Pfeffer aus der Mühle

Bergpfeffersauce

400 ml	dunkler Wildfond (Rezept Seite 141)
100 ml	roter Portwein
je 1	Rosmarin- und Thymianzweig

japanischer Bergpfeffer

Spitzkohlgemüse

1/2	Spitzkohlkopf
1 EL	durchwachsener und gewürfelter Bauchspeck
1 EL	Schalottenwürfel
2 EL	Crème double
2 EL	fein geschnittener Schnittlauch
2 EL	geschlagene Sahne

Salz und Pfeffer

ZUBEREITUNG

Die Rehrückenfilets in 4 (8) gleichgroße Stücke à 40 g (20 g) portionieren.
Die Champignons vorsichtig aushöhlen und mit der grünen Farce und den gewürzten Rehfiletstücken füllen. Die Champignons mit Farce verschließen, glatt streichen und kalt stellen.

Für die Bergpfeffersauce den Wildfond mit dem Portwein, Rosmarin- und Thymianzweig etwa auf die Hälfte einkochen, dann passieren und mit Salz und Bergpfeffer würzig abschmecken.

Für das Gemüse den Spitzkohl in Blätter zerteilen und diese in feine Streifen schneiden. Die Spitzkohlstreifen in kochendem Salzwasser etwa 1/2 Minute blanchieren, in Eiswasser abschrecken und in einem Küchentuch gut ausdrücken. In einer Sauteuse Speck- und Schalottenwürfel anschwitzen, die Crème double dazugeben und dann den Spitzkohl. Alles miteinander aufkochen, mit Salz und Pfeffer abschmecken und kurz vor dem Anrichten Schnittlauch und geschlagene Sahne zufügen.

Anrichten

Die Champignons in eine Kasserolle mit etwas Geflügelfond setzen, mit Alufolie verschließen und bei etwa 180 °C im Ofen garen. Die großen Champignons benötigen etwa 8—10 Minuten Garzeit und die kleinen 5—6 Minuten. Nach dem Garen noch 2 Minuten ruhen lassen.
Den Spitzkohl auf Teller oder in kleinen Schälchen anrichten, die halbierten Champignons darauf legen, Bergpfeffersauce angießen und rasch servieren.

Tipp

Für ein Hauptgericht passen Rote-Bete-Püree und Schupfnudeln (Rezepte Seite 132 und 135) dazu.

Mein Weintipp
1996 Clos-Vougeot
Domaine René Engel
Côte de Nuits

Gäbe es einen Olymp für den Pinot Noir, einer seiner Götter wäre ohne Zweifel dieser Clos-Vougeot. Bewusst dessen werden wir uns sofort, sobald wir ihn aus seinem Kristallverlies entlassen haben. Die konzentrierten, glänzend kirschroten Farbnuancen stechen, die saftigen opulenten Fruchtaromen schießen jung und wild in unsere Sinnesorgane. So dass man der Gier, die uns plötzlich übermannt, nicht mehr Herr zu werden scheint. Einhalt ist geboten. Tasten Sie sich zaghaft voran und erkennen die Raupe in ihm, die zäh fließend im Inneren des Glases entlang kriecht. Wachsen, reifen muss er nun, atmen, um den Schmetterling, der in ihm schlummert, freizulassen. Ein Erlebnis zu beobachten, wie er langsam das Gewand der Jugend von sich streift. Saftig-blumige Aromen im Wind der ersten Flügelschläge von sich gibt. Lassen Sie ihn wachsen, ganz von allein gedeihen. Bieten Sie ihm eine Wiese, ein Rehrückenfilet mit Bergpfeffersauce, oder Hirschmedaillons mit Gewürzjus, auf welchen er verweilen kann, um seine volle Pracht zu entfalten. Seien Sie Entdecker und Beobachter zugleich und genießen Sie dieses Schauspiel der Natur.

HIRSCHMEDAILLON MIT PILZKRUSTE UND GEWÜRZJUS, ROTKOHL UND SCHUPFNUDELN

ZUTATEN
für 4 Personen

480 g	sauber pariertes Hirschrückenfilet
	Butterschmalz
100 g	fein geschnittes Mirepoix von Schalotten, Staudensellerie und Karotten
10	Wacholderbeeren
2 cl	Gin
	Salz und Pfeffer aus der Mühle

Rotkohl

1	mittelgroßer Rotkohlkopf
2	Äpfel (Delicius)
3	Gewürznelken
1	kleine Zimtstange
4	Wacholderbeeren
4	Pimentkörner
6	weiße Pfefferkörner
250 ml	trockener Rotwein
2	geschälte Schalotten
20 g	Butter
	etwas Speisestärke
	Salz, Zucker
4	Scheiben Pilzbutter (Rezept Seite 137)
	Schupfnudeln (Rezept Seite 135)

Gewürzjus

200 ml	reduzierter Wildfond
1 Msp.	Pfefferkuchengewürz
20 g	kalte Butterwürfel
4 EL	Preiselbeeren
2 EL	geschlagene Sahne

ZUBEREITUNG

Den Rotkohl putzen, den Strunk herausschneiden und die Blätter in feine Streifen schneiden. Die Äpfel schälen, vierteln und entkernen, dann in feine Scheiben schneiden. Die Gewürze in ein kleines Mulltuch binden und mit dem Kraut und den Äpfeln in einen Steinguttopf geben, mit dem Rotwein übergießen. Mit einem passenden Teller den Steinguttopf verschließen und ihn beschweren. Im Kühlschrank etwa 3 Tage ruhen lassen. Dann die geschälten Schalotten in Scheiben schneiden und in Butter andünsten, das marinierte Rotkraut mit dem Fond dazugeben und zugedeckt 20—30 Minuten weich garen. Die Gewürze entfernen und den Fond mit etwas angerührter Stärke binden und mit Salz und Zucker abschmecken. Den Rotkohl möglichst schon am Vortag zubereiten.

Das Hirschrückenfilet in 4 Medaillons schneiden, salzen und pfeffern und in Butterschmalz von beiden Seiten heiß anbraten. Mirepoix und Wacholderbeeren zufügen und die Medaillons auf dem Gemüsebett im Ofen etwa 6—8 Minuten zu Ende braten. Aus dem Ofen nehmen und mit etwas Gin ablöschen, dann aus der Pfanne nehmen und an einem warmen Ort 3 Minuten ruhen lassen.

Anrichten

Die Hirschmedaillons mit der Pilzbutter belegen und mit Oberhitze gratinieren. Die Schupfnudeln in Butter anschwenken, vom Rotkraut 1 Nocke abdrehen und beides auf dem Teller anrichten. Das überbackene Hirschmedaillon unten auf dem Teller platzieren.

Für die Gewürzjus den reduzierten Wildfond mit Pfefferkuchengewürz abschmecken, mit etwas Butter montieren und um das Medaillon gießen, die Preiselbeeren erhitzen und mit geschlagener Sahne marmorieren, damit einen schönen Faden in die Sauce ziehen.

Mein Weintipp
1999 Odysseus
Viñedos de Ithaca, Priorat

Der Genuss eines Gläschens Odysseus könnte man wunderbar mit dem Lauschen eines Konzertes vergleichen. Live empfunden, als säßen Sie mittendrin, im Orchestergraben. Überraschend bereits der Auftakt. Denn der Grenache, wie Pauken aus voller Kraft geschlagen, strömt in Form einer scheinbar nie endenden Aromenflut auf Sie ein. Erfüllt den gesamten Gaumen mit Lärm. Gnadenlos wird es lauter und lauter. Die „Ohren" möchte man sich zuhalten. Nur leider, oder besser zum Glück, kann man Geschmacksempfindungen nicht abstellen. Da müssen Sie durch, wohl oder übel. Doch da, plötzlich und unverhofft, eine zart wahrnehmbare Melodie. Der Cabernet Sauvignon lebt auf, schimmert hindurch. Würze und Frucht, langsam aufblühend, spielen einander abwechselnd auf. Ganz beiläufig lässt klingelnd der Carinena seine Tannine aufbranden. Auflockernd grell wie eine hart gespielte Violine, besänftigt vom lindernden Schmelz des unfiltrierten Körpers. Zur Einmaligkeit verhelfen Sie diesem Wein erst mit der passenden Stimme, einem kräftig schweren Bass, wie die Hirschmedaillons mit der Pilzkruste. Erleben Sie Tonkunst der ganz besonderen Art.

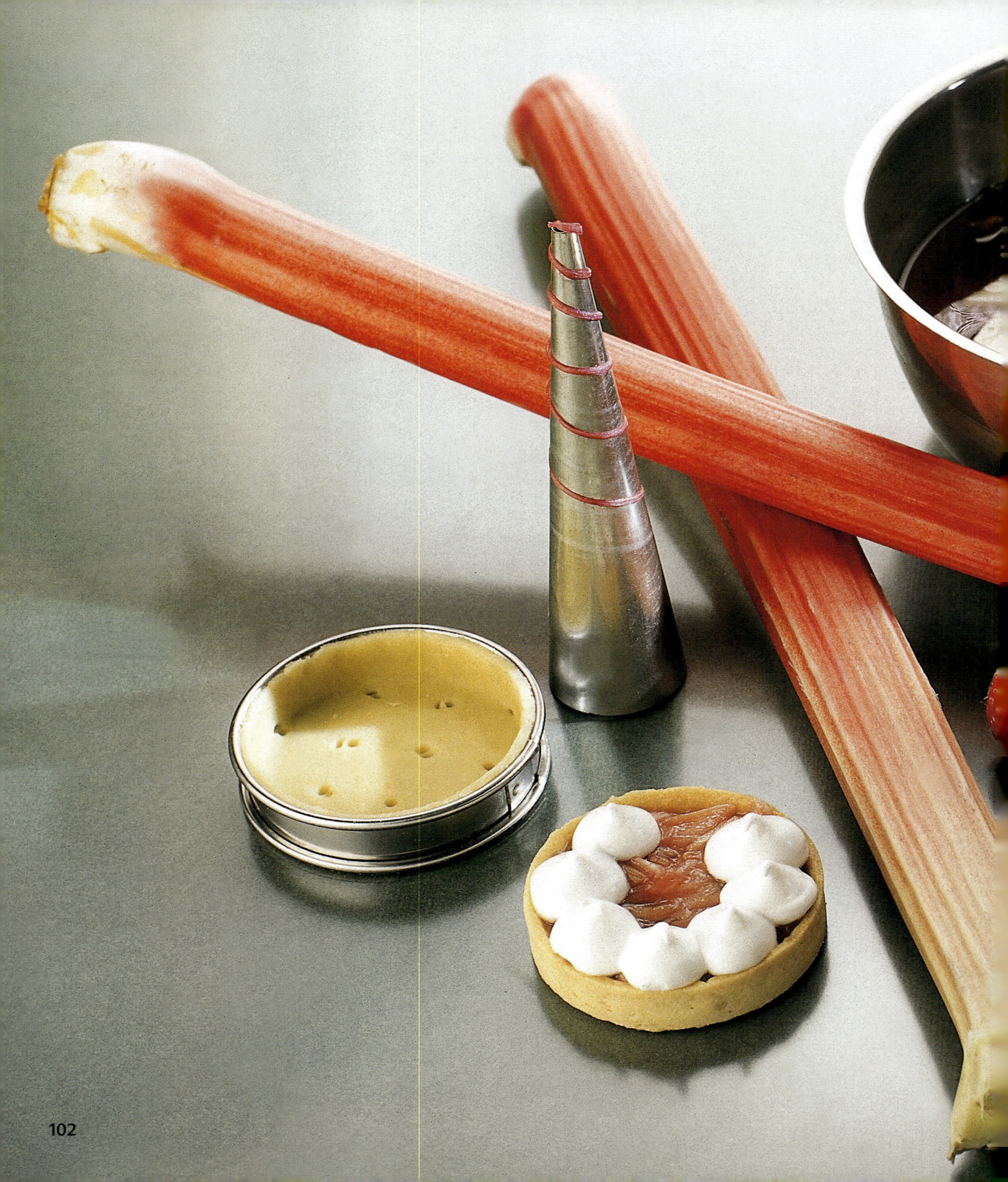

Desserts

Rhabarber

Rhabarber ist in unseren Regionen aus dem heimischen Garten bekannt, seine Stängel sind saftig und säuerlich. Sehr zu empfehlen ist daher der sogenannte Erdbeer-Rhabarber aus holländischen Treibhäusern, der durch diese besondere Aufzucht einen feineren und zarteren Geschmack bekommt.

Rhabarber-Tartelette mit marinierten Erdbeeren

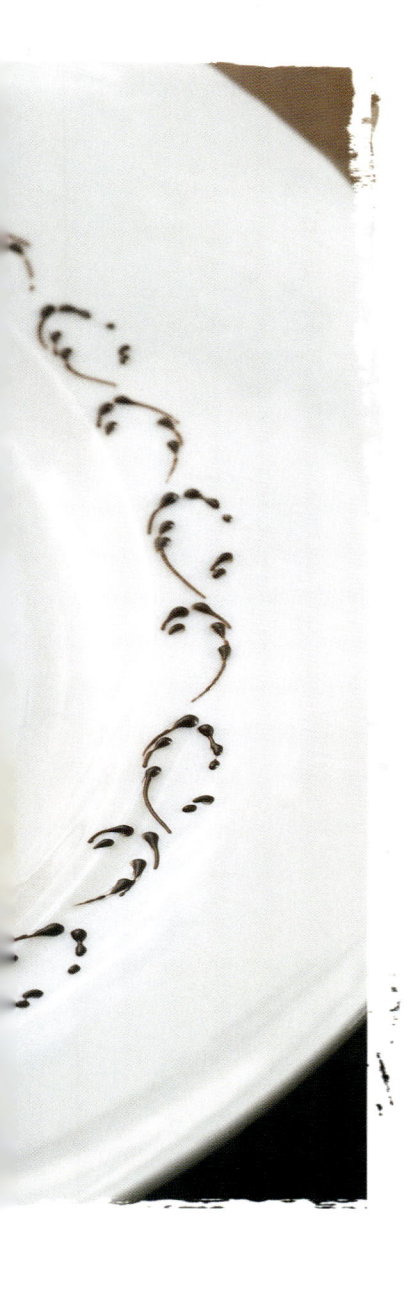

DESSERTS

ZUTATEN
für 4–6 Personen

Mürbteig-Tartelettes
150 g Butter
3 g Salz
125 g Puderzucker
65 g Mandelgrieß
1 Ei
250 g Mehl

Rhabarberkompott
300 g geschälter Rhabarber
150 g Zucker
1 Vanillestange
50 g Erdbeeren

Meringue
120 g Zucker
40 g Wasser
2 Eiweiß (60 g)
1 Pr. Salz

Erdbeer-Marinade
10 cl Erdbeersaft
1/2 Vanilleschote
30 g Zucker
2 cl Grand Marnier
Saft von 1/2 Zitrone
12–16 Erdbeeren

Vanillesauce (Rezept Seite 108) und Erdbeermark zur Dekoration

Als Alternative zur Meringue kann man auch die Erdbeer-Rosmarin-Chiboust-Masse verwenden (Rezept Seite 129).

ZUBEREITUNG

Für die Tartelettes die Butter in kleine Stücke schneiden. Salz, Puderzucker und Mandelgrieß dazugeben und alles zusammen vermengen. Das Ei und das Mehl zum Schluss dazugeben. Alles zu einem homogenen Teig verkneten, in Folie einpacken und 1 Stunde kalt stellen. Den Teig 2–3 mm dünn ausrollen, mit einer Gabel einstechen, rund ausstechen und die Tarteletteringe damit auslegen. Im vorgeheizten Ofen bei 180 °C etwa 12–15 Minuten backen. Abkühlen lassen und die Ringe entfernen.

Für das Rhabarberkompott die Rhabarberstangen klein schneiden, mit Zucker vermischen und etwa 12 Stunden ziehen lassen. Rhabarber abtropfen lassen, den Saft mit einer Vanilleschote und den Erdbeeren aufkochen und 10 Minuten ziehen lassen. Den Fond passieren, nochmals aufkochen, den Rhabarber hinzufügen und nochmal kurz aufkochen, so dass der Rhabarber bissfest bleibt. Den Rhabarberfond im Kühlschrank abkühlen lassen.

Für die Meringue Zucker und Wasser bei 121 °C kochen. Eiweiß zu Schnee schlagen, den heißen Zuckersirup unter den Eischnee rühren und kalt schlagen. In einen Spritzbeutel füllen.

Für die Erdbeer-Marinade den Erdbeersaft mit Vanillemark, Zitronensaft und Zucker aufkochen und abkühlen lassen, zum Schluss den Grand Marnier dazugeben.
Die Erdbeeren in Scheiben schneiden und einige Minuten in der Marinade ziehen lassen.

Anrichten
Die Erdbeerscheiben auf dem Teller anrichten, Rhabarber abtropfen lassen und in die Tartelette füllen. Meringuemasse (oder Erdbeer-Rosmarin-Chiboust) mit einer Spritztüte aufdressieren.
Die Tartelette kurz im Ofen aufwärmen und mit Oberhitze im Ofen oder Salamander gratinieren. Auf den Teller setzen und mit Erdbeermark und Vanillesauce dekorieren.

Bananen

Das hellgelbe Fruchtfleisch der Banane enthält wenig Fruchtsäure, da während des Reifeprozesses die Stärke des Fruchtfleisches in Frucht-, Trauben- und Rohrzucker umgewandelt wird. Dadurch erhält die Banane ihren süßlichen Geschmack. Je gelber die Schale wird, umso höher ist der Zuckeranteil, kleine braune Punkte auf der Schale kündigen die Vollreife der Frucht an.

Bananenauflauf auf Ananasscheiben mit exotischen Früchten und Milchschokolade-Rum-Eis

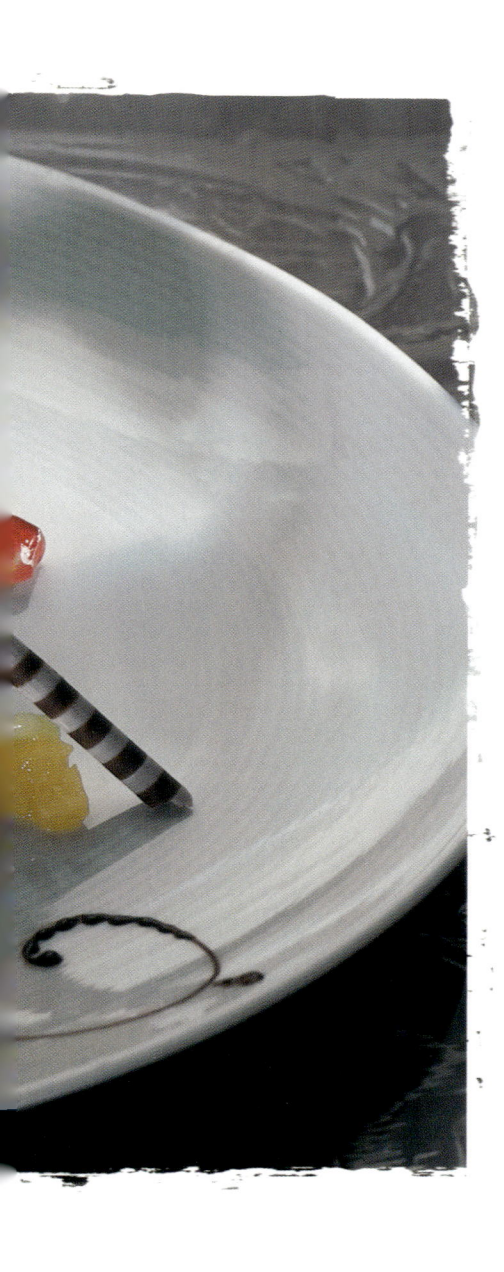

DESSERTS

ZUTATEN
für 4 Personen

Bananenauflauf
85 g	Butter
90 g	Zucker
3	Eigelb (60 g)
250 g	geschälte Bananen
50 g	geröstete Mandelblättchen
40 g	Schokoladenstreusel
20 g	Mondamin
3	Eiweiß (90 g)

Saft von 1/2 Zitrone
Butter und Zucker für die Förmchen

Exotische Früchte
3	Babyananas
1	Mango
1	Banane
1	Kiwi
50 g	Zucker
4	Passionsfrüchte
1/2	Granatapfel

Milchschokoladen-Rum-Eis
250 ml	Milch
250 g	Sahne
70 g	Zucker
6	Eigelb (120 g)
75 g	Zucker
100 g	Milchschokolade
50 g	brauner Rum

Rumsabayon
5	Eigelb (100 g)
60 g	Moscato d'Asti
30 g	brauner Rum
60 g	Zucker

Ananaschips und Schokoladenstäbchen zur Dekoration

ZUBEREITUNG

Für den Bananenauflauf die Butter mit der Hälfte des Zuckers schaumig rühren. Eigelb zufügen und alles gut verschlagen. Die Bananen und den Zitronensaft mit dem Stabmixer pürieren. Zusammen mit den Mandeln, Schokoladenstreuseln und der Stärke unter die Eiermasse geben. Das Eiweiß mit dem restlichen Zucker sehr steif schlagen und zum Schluss unterheben.
4 Timbalförmchen gut einfetten und mit Zucker ausstreuen. Die Auflaufmasse einfüllen und im Wasserbad im Ofen bei 200°C etwa 14 Minuten backen.

Für die exotischen Früchte 2 der Babyananas in dünne Scheiben schneiden. Die andere Babyananas, die Mango, die Banane und die Kiwi in kleine Würfel schneiden. 50 g Zucker karamellisieren und mit dem gewonnenen Mark der Passionsfrüchte ablöschen und kalt stellen. Mit gewürfelten Früchten vermischen und die Granatapfelkerne zufügen.

Für das Milchschokolade-Rum-Eis Milch, Sahne und Zucker aufkochen. Eigelb und Zucker über Wasserdampf aufschlagen, die heiße Milch dazugeben und zur Rose abziehen. Milchschokolade und Rum zufügen und gut vermischen. In der Eismaschine gefrieren und im Tiefkühlschrank aufbewahren.

Anrichten
Die Zutaten für das Sabayon alle zusammen über Wasserdampf schaumig schlagen. Die Ananasscheiben im Kreis anrichten. Das Sabayon darauf verteilen und den gestürzten Auflauf in der Mitte platzieren. Daneben die Früchte anrichten und 1 Nocke Eis darauf setzen. Mit Ananaschips und Schokoladenstäbchen dekorieren.

DESSERTS

ZUTATEN
für 4 Personen

Kokosschaum
100 g	Kokosmilch
50 g	Coco Tara (Kokossirup)
50 g	Batida de Coco (Kokoslikör)
25 g	Zucker
100 g	Butter
2	Eigelb (40 g)

Hippenmasse
2 1/2	Eiweiß (75 g)
75 g	Puderzucker
75 g	Mehl
75 g	flüssige Butter
5 g	Kakaopulver

Vanillesauce
3	Eigelb
25 g	Zucker
125 ml	Milch
125 g	Sahne
1	Vanilleschote

Himbeermark
60 Himbeeren
Minze

ZUBEREITUNG

Für den Kokosschaum Kokosmilch, Coco Tara, Batida de Coco und Zucker aufkochen. In einen tiefen Becher die klein geschnittene Butter und das Eigelb geben. Die heiße Kokosmilch darauf gießen und mit einem Stabmixer durchmixen. 1 Tag kalt stellen.

Für die Hippenmasse Eiweiß und Puderzucker mit dem Schneebesen verrühren. Das gesiebte Mehl und die flüssige Butter dazugeben. 1/4 von der Masse mit Kakaopulver färben.
Die Masse 1 Stunde kalt stellen. Mit einer Schablone die Masse dünn auf Silikonbackmatten aufstreichen. Die Kakaomasse in eine Spritztüte füllen und die Hippe dekorieren. Im Backofen bei 200 °C etwa 7 Minuten backen und die Form sofort in einen Ring geben.

Für die Vanillesauce die Eigelbe und den Zucker in einer Schüssel cremig rühren. Die Milch mit der Sahne und der Vanilleschote aufkochen und mit der Eigelbmasse in der Schüssel verrühren. Nun die Masse wieder in den Topf zurückgießen und zur Rose abziehen, dann sofort auf Eiswasser kaltrühren und durch ein feines Haarsieb passieren und die Sauce kalt stellen.

Anrichten

Mit Himbeermark und Vanillesauce einen schönen Saucenspiegel auf den Teller zeichnen. Die Hippentürmchen auf die Sauce aufsetzen. Den Kokosschaum mit einem Schneebesen aufschlagen und in die Hippe füllen, dann mit Himbeeren garnieren. Mit Röllchen aus Hippenteig und Minze dekorieren.

Kokosnuss

Beim Kauf der Kokosnuss sollte man darauf achten, dass noch Wasser in der Frucht enthalten ist, da ansonsten das weiße Fruchtfleisch seifig und damit ungenießbar wird. Wenn in älteren Kokosnüssen ein Keimansatz vorhanden ist, kann dieser verzehrt werden, er hat einen sehr süßen Geschmack.

Kokosschaum mit Himbeeren im Hippentürmchen

DESSERTS

ZUTATEN
für 4—6 Personen

Gebackener Pfirsich

2	Pfirsiche
50 g	Marzipan
10 g	gehackte Pistazien
5 g	Haselnussgrieß
10 g	dunkle und gehackte Kuvertüre
200 g	Blätterteig (Rezept Seite 145 oder TK)
1	Eigelb (20 g)

Schokoladen-Tonka-bohnen-Mousse

1	Ei
1	Eigelb (20 g)
2	fein geriebene Tonkabohnen
1 1/2	Blätter eingeweichte Gelatine
175 g	weiße Kuvertüre
2 cl	Amaretto
2 cl	weiße Crème de Cacao
250 g	geschlagene Sahne
4 EL	Pfirsich-Frucht-Mark

ZUBEREITUNG

Die Pfirsiche 2 Minuten in kochendem Wasser blanchieren, in Eiswasser abschrecken und häuten, halbieren und entkernen.
Marzipan, Pistazien, Haselnussgrieß und Kuvertüre verrühren und die Pfirsiche damit füllen. Den Blätterteig in Form der Pfirsichhälften schneiden, den Pfirsich darauf setzen, den Teigrand mit Eigelb einpinseln und 15—20 Minuten im Backofen bei 200 °C backen.

Für das Schokoladen-Tonkabohnen-Mousse Ei mit Eigelb und den geriebenen Tonkabohnen im Wasserbad schaumig schlagen. Die eingeweichte Gelatine zufügen und darin auflösen, dann kalt schlagen. Die geschmolzene Kuvertüre dazugeben. Mit Amaretto und Crème de Cacao aromatisieren. Die geschlagene Sahne nach und nach unterheben und zugedeckt im Kühlschrank mindestens 4 Stunden gut durchkühlen lassen. Das Mousse am besten schon am Vortag zubereiten.

Anrichten
Die frisch gebackenen Pfirsiche auf die Teller setzen, je 2 kleine Nocken Schokoladenmousse abstechen und anrichten. Mit Pfirsichfruchtmark dekorieren.

Mein Weintipp
1982 Wehlener Sonnenuhr
Riesling Auslese
Weingut Joh. Jos. Prüm
Mosel — Saar — Ruwer

Er ist das Geheimnis der deutschen Weinwelt. Wie nur ist es möglich, ein Elysium mit einem so eindringlichen Extrakt- und Aromenreichtum, mit einer derart einzigartigen Filigranität, einer femininen Eleganz und einem trotz allem fast kindlichen Gemüt zu produzieren? Einen Wein zu schaffen, mit einem derart hohen Alterungspotential, der dennoch Zeit seines Lebens nicht auf einen bestimmten Höhepunkt lauert, sondern in jeder Entwicklungsphase einmalige Freuden bereitet. Nur eine Hand voll Auserwählter durfte dem Geheimnis auf den Grund gehen und die Kellerräume der Gebrüder Prüm betreten. Der Rest rätselt wohl ein Leben lang, mit welchen Wundermittelchen dort hantiert wird. Grübelt darüber, wie man ein so ausgeprägtes, von zarter Würze durchzogenes

Altölbukett in die Nase zaubert. Welches sich jedoch komplett kontrovers beim ersten Gaumenkontakt in pure Frucht verwandelt. So saftig, dass man sich nichts sehnlicher als einen gebackenen Pfirsich, eine Exotikcreme oder Ofennudeln mit Aprikosenkompott wünscht. Perfekt eingespielt, die Symbiose von Süße und Säure, welche ein cremiges Gefühl, umspielt von auffrischenden Birnen-, Apfelaromen auf dem Gaumen seines Opfers hinterlässt. So dass dieses hofft, diese Sünde würde niemals enden. Also raten Sie weiter im Reigen der Neider, oder lassen Sie sich gehen und genießen diesen schier endlosen Traum der traubigen Einmaligkeit.

Gebackener Pfirsich mit weißem Schokoladen-Tonkabohnen-Mousse

Schokolade

Flüssige Kakaomasse wird durch das Mahlen gerösteter, geschälter und gebrochener Kakaobohnen gewonnen. Sie ist Grundstoff jeder Schokolade.

Dunkle Schokolade hat den kräftigsten, aber auch bittersten Schokoladengeschmack, da sie einen Kakaoanteil von mindestens 50 % aufweisen muss.

Schokoladen-Eis-Soufflé mit Erdbeermousse und Rhabarberkompott

ZUTATEN
für 4—6 Personen

Schokoladen-Eis-Soufflé

2	Eigelb (40 g)
25 g	Zucker
1	Blatt Gelatine
10 g	Crème de Cacao
5 g	Kakaopulver
35 g	Bitterschokolade, 70 % (z.B. Valrhona Guanaja)
20 g	Eiweiß
25 g	Zucker
110 g	geschlagene Sahne

Erdbeermousse

5 g	Puderzucker
90 g	Erdbeerpüree
1/2	Eiweiß (15 g)
10 g	Zucker
1	Blatt Gelatine
10 g	Grand Marnier
50 g	geschlagene Sahne
4—6	Biskuitscheiben

Rhabarberkompott

300 g	geschälter Rhabarber
300 g	Zucker
50 g	Erdbeeren
1	Vanillestange

Glas-Tuile

150 g	Fondant
100 g	Glukose
10 g	Butter

Minze
Schokoladenspirale

ZUBEREITUNG

Für das Schokoladen-Eis-Soufflé die Eigelbe mit dem Zucker über Wasserdampf schaumig schlagen, die eingeweichte Gelatine mit Crème de Cacao auflösen und mit der Eigelbmasse verrühren. Kakaopulver und aufgelöste Bitterschokolade unterrühren. Eiweiß und Zucker zu Schnee schlagen, unter die lauwarme Masse heben, ebenso die geschlagene Sahne. In Portionsringe oder Förmchen füllen und gefrieren.

Für das Erdbeermousse Puderzucker und Erdbeerpüree verrühren. Das Eiweiß mit Zucker zu Schnee schlagen. Die eingeweichte Gelatine mit Grand Marnier auflösen und mit dem Erdbeerpüree vermischen. Eischnee und Sahne unterheben. Sofort in Halbkugelformen füllen und eine runde Biskuitscheibe als Boden darauf setzen. Etwa 4 Stunden durchkühlen lassen und vorsichtig aus den Formen stürzen.

Für das Rhabarberkompott die Rhabarberstangen klein schneiden, mit Zucker vermischen und etwa 12 Stunden ziehen lassen. Rhabarber abtropfen lassen, den Saft mit einer Vanilleschote und den Erdbeeren aufkochen und 10 Minuten ziehen lassen. Den Fond passieren, nochmals aufkochen, den Rhabarber hinzufügen und kurz aufkochen, so dass der Rhabarber bissfest bleibt. Den Rhabarber im Fond im Kühlschrank abkühlen lassen.

Für die Glas-Tuile den Fondant, Glukose und Butter auf 150 °C aufkochen und auf Backpapier abkühlen lassen. In kleine Stücke brechen und in der Küchenmaschine fein zermahlen. Auf eine Silikonbackmatte eine runde Schablone von 9 cm Ø legen und das Zuckerpulver durch ein feines Sieb darüber streuen. Bei 180 °C im Backofen 2—3 Minuten schmelzen und abkühlen lassen. Vorsichtig von der Backmatte ablösen.

Anrichten

Das Schokoladen-Eis-Soufflé aus den Ringen stürzen und auf den Teller setzen, darauf jeweils ein Glas-Tuile und dann ein Erdbeermousse setzen. Mit Erdbeermark und Rhabarberkompott garnieren. Mit Minze und Schokoladenspirale dekorieren.

Crémeux von Schokolade und Passionsfrüchten mit exotischem Fruchtsalat

DESSERTS

ZUTATEN
für 4—6 Personen

Passionsfrucht-Crémeux
180 ml	Passionsfruchtsaft
30 g	Zucker
4	Eigelb (80 g)
1	Ei
30 g	Zucker
90 g	Butter

Schokoladen-Crémeux
125 g	Sahne
110 g	gehackte Schokolade (53 %)
125 g	geschlagene Sahne

Exotische Früchte
2—3	Kiwis
1	Mango
2	Passionsfrüchte
10—12	Physalis
1 EL	Granatapfelkerne

Mandel-Hippenrollen
(Rezept Seite 123)
zur Dekoration

ZUBEREITUNG

Für die Passionsfrucht-Crémeux Passionsfruchtsaft mit 30 g Zucker aufkochen. Eigelb, Ei und 30 g Zucker gut verrühren, zum heißen Passionsfruchtsaft geben und zum Kochen bringen, dabei mit einem Schneebesen aufschlagen. Dann mit der Butter in einen Mixbecher geben und mit einem Stabmixer aufmixen. Sofort in Formen oder Gläser gießen und kalt stellen.

Für die Schokoladen-Crémeux Sahne aufkochen und auf die gehackte Schokolade gießen. Zu einer glatten Masse verrühren und auf Zimmertemperatur abkühlen lassen. Dann die geschlagene Sahne unterheben und sofort vorsichtig auf die kalte Passionsfrucht-Crémeux laufen lassen. Kalt stellen.

Die exotischen Früchte nach Belieben schneiden.

Anrichten
Kurz vor dem Servieren die Crémeux aus dem Kühlschrank nehmen und nach Belieben mit exotischen Früchten garnieren.
Nach Belieben mit einer Mandel-Hippenrolle (Rezept Seite 123) garnieren.

Passionsfrüchte

Die aus Amerika stammenden Passionsfrüchte sind meist dickschalig, das Fruchtfleisch ist saftig, säuerlich, duftend und süß. Das Fruchtfleisch ist nur schwer von den glatten, schwarzen Kernen zu lösen. Die Größe der Passionsfrucht variiert von der einer Kirsche bis zu der einer Kokosnuss. Auch in der Farbgebung sind sie nicht einheitlich, sondern weisen fast alle Schattierungen von gelb bis schwarz auf.

Kardamom

Kardamom, eines der ältesten bekannten Gewürze, gehört zu den Ingwergewächsen. Von den verschiedenen Kardamomarten gewinnt man aus den braunen und grünen Kapseln das Gewürz, wobei die grünen die hochwertigeren sind. Da das Gewürz im gemahlenen Zustand schnell sein Aroma verliert, sollte man entweder nur ganze Kapseln oder nur kleine Mengen des Gewürzes kaufen.

Grand-Marnier-Parfait mit Gewürzorangen

ZUTATEN
für 4 Personen

Schokoladenspitzen
2	Blatt Backpapier
200 g	dunkle Kuvertüre
20 g	Öl

Grand-Marnier-Parfait
2	Blatt Gelatine
150 g	Schlagsahne
4	Eigelb (80 g)
40 g	Zucker
1	Orangenzeste
40 g	Grand Marnier

Gewürzorangen
2	Orangen
150 ml	Wasser
50 g	Honig
110 g	Zucker
1	Vanilleschote
1	Zimtstange
5	Kardamomkapseln
1	Gewürznelke
1	Sternanis
1 TL	Rote-Bete-Granulat (aus der Apotheke)

ZUBEREITUNG

Für die Schokoladenspitzen aus quadratischem Backpapier (30 x 30 cm) zwei gleichmäßige Dreiecke schneiden und zu Tüten drehen. Die 3 Ecken zusammenheften, um gleichmäßige Tüten herzustellen. Dann die Spitze von den Tüten abschneiden, um ein Loch von 5 mm zu bekommen. 2 weitere Tüten herstellen.
Die Kuvertüre mit Öl verdünnen (Verhältnis 1:10) und temperieren. Die Tüten mit der Kuvertüre füllen und wieder ausleeren und zum Abtropfen in ein Glas stellen. Für kurze Zeit kalt stellen, damit die Schokolade fest wird.

Für das Grand-Marnier-Parfait Gelatine in kaltem Wasser einweichen. Die Sahne aufschlagen und kalt stellen. Eigelb, Zucker und geriebene Orangenzeste über Wasserdampf aufschlagen. Die ausgedrückte Gelatine dazugeben und die Masse kalt schlagen. Grand Marnier hinzufügen und die Sahne unterheben. Dann mit einem Spritzbeutel die Schokospitze mit der Parfaitmasse füllen und einfrieren.

Für die Gewürzorangen die beiden Orangen schälen. Das Wasser mit Honig und Zucker aufkochen, die Gewürze hinzufügen und etwa 10 Minuten köcheln. Dann mit Rote-Bete-Granulat einfärben und durch ein feines Sieb auf die Orangen gießen. Die Orangen kühl stellen und mindestens 1 Tag marinieren. Dabei ab und zu die Orangen umdrehen, damit sie eine gleichmäßige Farbe bekommen.

Anrichten
Die Gewürzorangen in Scheiben schneiden und im Kreis auf einen Teller legen. Die Parfaittüten unten gerade anschneiden, das Backpapier entfernen und in der Mitte anrichten. Als Dekoration eignen sich Orangenzesten, Estragon und Schoko-Ornamente, dazu passen außerdem Grand-Marnier-Sabayon (Rezept Seite 129) und die Sauce von den Gewürzorangen.

Sternanis

Sternanis erhält seinen Namen durch die zackige Sternenform. In den Spitzen der Fruchtschalen sitzt der Samen, den man zur Gewinnung des ätherischen Öles verwendet. Mit Sternanis werden hierzulande Weihnachtsgebäck, Fisch-, Wild- und Schmorgerichte oder Liköre wie der Pastis aromatisiert.

DESSERTS

ZUTATEN
für 4—6 Personen

Holunderblüten-Eis
100 g	Holunderblüten-essenz (Rezept Seite 150)
100 g	Sahne
50 ml	Milch
4	Eigelb
30 g	Zucker

Holunderbeeren-Eis
125 g	Holunderbeeren-Püree (Feinkostgeschäft)
125 g	Sahne
30 g	Zucker
4	Eigelb
35 g	Zucker

Holunderblüten-Küchlein
150 g	Mehl
250 ml	Milch
1	Vanilleschote
1	geriebene Zitronenschale
10 g	flüssige Butter
3	Eigelb (60 g)
3	Eiweiß (90 g)
60 g	Zucker
12—16	Holunderblüten (frisch vom Baum, Saison Mai/Juni)

Puderzucker zum Bestreuen

eingemachte Holunderbeeren (siehe Rezept Seite 149)

ZUBEREITUNG

Für das Holunderblüten-Eis die Holunderblütenessenz, Sahne und Milch aufkochen. Eigelb und Zucker über Wasserdampf aufschlagen, die heiße Holunder-Sahne-Milch-Mischung dazugeben und zur Rose abziehen. In der Eismaschine gefrieren.

Für das Holunderbeeren-Eis Holunderbeeren-Püree, Sahne und 30 g Zucker aufkochen. Eigelb und restlichen Zucker über Wasserdampf aufschlagen, die heiße Holunderbeerensahne dazugeben und zur Rose abziehen. In der Eismaschine gefrieren. Die beiden Eissorten Schicht für Schicht in einen vorgekühlten Becher streichen und ins Tiefkühlfach stellen.

Das Eis sollte schon am Vortag zubereitet werden.

Für das Holunderblüten-Küchlein Mehl sieben, Milch, Vanillemark, Zitronenschale, Butter und Eigelb zufügen und zu einem glatten Teig verrühren. Eiweiß mit Zucker steif schlagen und unterheben. Die Holunderblüten in den Teig tauchen und in heißem Fett bei 170 °C ausbacken. Auf Küchenpapier abtropfen lassen und mit Puderzucker bestreuen.

Anrichten
Auf jeden Teller 2 Holunder-Küchlein setzen. Jeweils 1 Nocke Eis dazugeben und mit eingemachten Holunderbeeren garnieren.

Holunder

Holunder wächst fast überall. Er bevorzugt Feuchtigkeit und nährstoffreiche Erde, neigt dann aber zu Lasten von Blüten und Früchten zu dichtem Blattwerk und Holzwuchs. Die in Trauben hängenden, cremefarbenen Blüten haben meist einen süßlichen Duft.

Holunderblüten-Küchlein mit marmoriertem Eis von Holunderblüten und Beeren

ZUTATEN
für 4 Personen

Spekulatiusböden
50 g	Butter
65 g	brauner Zucker
1 Pr.	Zimtpulver
1 Pr.	Nelkenpulver
1 Pr.	Kardamompulver
1 Pr.	Salz
1	Orangenzeste
100 g	Mehl
2 g	Backpulver
1	Eigelb (20 g)

Gianduja-Chantilly
100 g	Sahne
65 g	Gianduja-Milch-Kuvertüre

Glas-Tuile
150 g	Fondant
100 g	Glukose
10 g	Butter

Rotweinbirnen
1 l	Beaujolais
150 g	Zucker
5	Zimtstangen
2	Nelken
1	Orange in Scheiben
2	Lorbeerblätter
1 Pr.	schwarzer Pfeffer aus der Mühle
4	Birnen

Giandujatörtchen mit Rotweinbirne und Pistazieneis

DESSERTS

Pistazieneis
250 ml	Milch
250 g	Sahne
60 g	Zucker
6	Eigelb
50 g	Zucker
50 g	Pistazienpaste
20 g	Kirschwasser
50 g	gehackte Pistazien

Birnensauce
1	Birne
25 g	Zucker
15 g	Butter
1/2	Vanilleschote
5 g	frischer Ingwer
1 cl	Birnengeist

Schokoladenspiralen zur Dekoration

ZUBEREITUNG

Für die Spekulatiusböden Butter, Zucker und Gewürze glatt rühren. Mehl und Backpulver zusammen sieben und mit der ersten Masse vermischen. Eigelb beimischen. Teig 1 Stunde kalt stellen und dann zwischen 2 Backpapieren 2 mm dünn ausrollen und einfrieren. Ausstechen (9 cm Ø) und 12 Minuten bei 180 °C backen.

Für die Gianduja-Chantilly die Sahne aufkochen und mit der Gianduja-Milch-Kuvertüre gut vermischen. Etwa 12 Stunden kalt stellen und dann aufschlagen.

Für die Glas-Tuile Fondant, Glukose und Butter auf 150 °C aufkochen und auf Backpapier abkühlen lassen. In kleine Stücke brechen und in der Küchenmaschine fein zermahlen. Auf eine Silikonbackmatte 4 runde Schablonen von 9 cm Ø legen und das Zuckerpulver durch ein feines Sieb darüber streuen. Bei 180 °C im Backofen 2–3 Minuten schmelzen und abkühlen lassen. Vorsichtig von der Backmatte ablösen.

Für die Rotweinbirnen den Beaujolais mit Zucker und Gewürzen aufkochen und 15 Minuten ziehen lassen. Dann durch ein Sieb passieren, nochmals aufkochen, die geschälten Birnen dazugeben und weiterkochen. Die Birnen müssen einen schönen Biss behalten. Die Birnen in dem Fond 1 Tag auskühlen lassen. Den Rotweinfond zu dickflüssigem Sirup einkochen.

Für das Pistazieneis Milch mit Sahne und Zucker aufkochen. Eigelbe und Zucker über Wasserdampf aufschlagen, die gekochte Milch dazugeben und zur Rose abziehen. Mit der Pistazienpaste und Kirschwasser gut vermischen und in der Eismaschine gefrieren. Die gehackten Pistazien unter das Eis rühren und ins Tiefkühlfach stellen.

Für die Birnensauce die Birne schälen und in kleine Würfel schneiden. In einer Pfanne Zucker und Butter schmelzen. Ausgekratzte Vanille, fein geschnittenen Ingwer und Birne dazugeben und weich kochen. Mit dem Stabmixer fein pürieren und Birnengeist hinzufügen. Die Sauce durch ein feines Sieb passieren und kalt stellen.

Anrichten
Auf jeden Teller 1 Spekulatiusboden legen. Das aufgeschlagene Gianduja-Chantilly 1,5 cm dick darauf dressieren, bis 1 cm zum Rand, und 1 Glas-Tuile darauf setzen. Die Rotweinbirne in dünne Scheiben schneiden und als Rosette darauf anrichten. 1 Kugel Eis in die Mitte platzieren. Mit der Birnensauce, Rotweinsirup und 1 Schokoladenspirale dekorieren.

Brombeere

Brombeeren sind in unseren Gegenden heimische Pflanzen, sie wachsen auch oft an wilden Sträuchern. Die Früchte sind frisch leicht säuerlich, entwickeln nach dem Kochen aber einen süßlich-fruchtigen Geschmack.

Fondant von Milchschokolade mit Brombeermousse und Whisky-Gianduja-Eis

DESSERTS

ZUTATEN
für 4—6 Personen

Fondant von Milchschokolade
110 g	Sahne
85 g	Milchschokolade (40 %)
85 g	Bitterschokolade (55 %)
2	Eigelb (40 g)
35 g	Zucker
110 g	geschlagene Sahne

Brombeermousse
15 g	Eiweiß
15 g	Zucker
1 1/2	Blatt Gelatine
1 cl	Brombeerlikör
100 g	Brombeerpüree
60 g	geschlagene Sahne

Nappage
100 g	Brombeersaft
100 ml	Moscato d'Asti
80 g	Zucker
3 g	Pektin

Whisky-Gianduja-Eis
250 ml	Milch
250 g	Sahne
50 g	Zucker
4	Eigelb (80 g)
55 g	Zucker
100 g	Gianduja-Milch-Kuvertüre
65 g	Drambuie (Whiskylikör)

Mandelhippen
60 g	weiche Butter
60 g	Zucker
60 g	Mandelgrieß
1	Ei
5 g	Amaretto

Brombeerfruchtmark, Brombeeren und Schokoladenstäbchen zur Dekoration

ZUBEREITUNG

Für den Fondant von Milchschokolade die Sahne aufkochen, auf die gehackte Kuvertüre gießen und verrühren, um eine glatte Ganache zu erhalten. Die Ganache auf Zimmertemperatur abkühlen. Eigelb mit Zucker über Wasserdampf schaumig schlagen und dann kalt schlagen. Die Eigelbmasse unter die Ganache heben und die geschlagene Sahne ebenso. Sofort in Ringformen abfüllen.

Für das Brombeermousse Eiweiß mit Zucker steif schlagen. Die eingeweichte Gelatine mit etwas Brombeerlikör auflösen und unter das Brombeerpüree rühren. Eischnee und geschlagene Sahne unterheben. In Halbkugelformen füllen und einfrieren.

Für die Nappage die Flüssigkeit aufkochen, Zucker und Pektin einrühren, etwa 4 Minuten kochen und auf Zimmertemperatur abkühlen lassen.
Je 2 Mousse-Halbkugeln zu einer ganzen Kugel zusammensetzen und mit Nappage abglänzen.

Für das Whisky-Gianduja-Eis Milch, Sahne und 50 g Zucker aufkochen. Eigelb mit restlichem Zucker über Wasserdampf aufschlagen und mit der aufgekochten Milch zur Rose abziehen. Gianduja und Drambuie einrühren. In der Eismaschine gefrieren und im Gefrierfach aufbewahren.

Für die Mandelhippen alle Zutaten zusammenrühren und mit einer Schablone dünn auf eine Silikonbackmatte aufstreichen. Bei 180 °C im Backofen 7 Minuten backen.

Anrichten
Den Fondant in die Tellermitte setzen, 1 Mandelhippe und dann 1 Brombeermousse-Kugel darauf legen. 1 Nocke Whisky-Gianduja-Eis auf dem Teller platzieren. Mit Brombeerfruchtmark, Brombeeren und Schokoladenstäbchen dekorieren.

Aprikose

Die orangegelben Steinfrüchte mit dem feinsäuerlichen Aroma werden hauptsächlich in Spanien, Frankreich, Südosteuropa sowie Chile und Südafrika angebaut. Aprikosen sind weniger saftig als Pfirsiche, jedoch enthalten sie mit 1,8 mg je 100 g das meiste Karotin von allen Obstsorten.

Ofennudeln mit Aprikosenkompott und Himbeersorbet

DESSERTS

ZUTATEN
für 4—6 Personen

Ofennudeln
250 g	Mehl
50 g	Butter
1	Ei
100 ml	lauwarme Milch
2 g	Salz
10 g	Zucker
10 g	Hefe

für die Form
50 ml	Milch
25 g	Zucker
35 g	flüssige Butter

Aprikosenkompott
300 g	Aprikosen
30 g	Butter
40 g	Zucker
4—6	Zweige Zitronenthymian

Himbeersorbet
50 g	Glukose
115 g	Zucker
115 ml	Wasser
500 g	Himbeermark

Vanilleschaum
1/2	Vanilleschote
125 ml	Milch
1	Eigelb (20 g)
25 g	Zucker

ZUBEREITUNG

Für die Ofennudeln aus Mehl, Butter, Ei, Milch, Salz, Zucker und Hefe einen geschmeidigen Teig rühren. Den Teig so lange schlagen, bis er sich von der Schüssel löst. Zugedeckt an einem warmen Ort gehen lassen, bis der Teig sein Volumen verdoppelt hat. Den Teig fingerdick ausrollen, rund ausstechen und zu Kugeln rollen. Die Teigkugeln in eine Auflaufform mit Milch, Zucker und Butter setzen und nochmals aufgehen lassen. Bei 200 °C 30 Minuten zugedeckt backen.

Für das Aprikosenkompott die Aprikosen halbieren, entkernen und in dicke Spalten schneiden. In einer Pfanne die Butter und den Zucker schmelzen, Zitronenthymian und Aprikosenspalten dazugeben und 6 Minuten köcheln lassen.

Für das Himbeersorbet Glukose, Zucker und Wasser aufkochen und zum Himbeermark geben. In der Eismaschine gefrieren und im Tiefkühlfach aufbewahren.

Für den Vanilleschaum die Vanilleschote auskratzen und mit der Milch aufkochen. Eigelb und Zucker schaumig rühren, zur Milch geben und weiterschlagen. Der Schaum darf nicht kochen und erst kurz vor dem Anrichten zubereitet werden.

Anrichten
Das Aprikosenkompott auf den Tellern verteilen. 1 Ofennudel darauf setzen und mit Vanilleschaum nappieren. Mit 1 Nocke Himbeersorbet servieren.

DESSERTS

ZUTATEN
für 4—6 Personen

Tarte Tatin
500 g	Äpfel (Boskop)
75 g	Butter
150 g	Zucker
50 ml	Wasser
200 g	Blätterteig (Rezept Seite 145 oder TK)

Apfelsorbet
60 g	Glukose
155 g	Zucker
220 ml	Wasser
500 g	Apfelpüree

Calvados-Sabayon
4	Eigelb (80 g)
40 ml	Sekt
2,5 cl	Calvados
45 g	Zucker

ZUBEREITUNG

Für die Tarte Tatin Äpfel schälen, entkernen und in 1,5 cm dicke Spalten schneiden. Butter und Zucker in der Pfanne schmelzen, Apfelspalten dazugeben und 2 Minuten köcheln lassen, dann die Äpfel herausnehmen. Butter und Zucker mit Wasser zu Karamell weiterkochen. Karamell in den Tartelettefömchen verteilen und mit den Äpfeln 1 schöne Rosette darauf setzen. Mit einer 2 mm dicken, rund ausgestochenen Blätterteigscheibe bedecken. Bei 220 °C im Backofen 15—20 Minuten backen und sofort stürzen.

Für das Apfelsorbet Glukose, Zucker und Wasser aufkochen. Mit dem Apfelpüree mixen und in der Eismaschine gefrieren.

Für das Calvados-Sabayon alle Zutaten über Wasserdampf schaumig aufschlagen.

Anrichten
1 großen Löffel Sabayon auf dem Teller ausbreiten. 1 warme Tarte Tatin darauf legen und oben 1 Kugel Apfelsorbet aufsetzen. Sofort servieren.

Tipp

Klassisch wird die Tarte Tatin mit Crème fraîche serviert. Man kann den Teller außerdem mit Grenadine-Apfel-Kompott, Apfelchips und Fruchtcoulis dekorieren.

Weltweit gibt es über 20000 verschiedene Apfelsorten. Allein in Deutschland werden etwa 1000 Sorten kultiviert, wobei sich die Apfelanbauer auf 100 Sorten spezialisiert haben.

Tarte Tatin mit Apfelsorbet und Calvados-Sabayon

CHAMPAGNER-CRÈME-SORBET

ZUTATEN
für 4 Personen

130 g	Butter
3	Eigelb (60 g)
375 ml	Moscato d'Asti
150 ml	Champagner
125 g	Zucker

ZUBEREITUNG
Die Butter in kleine Würfel schneiden und mit dem Eigelb in einer Schüssel zur Seite stellen.
Moscato, Champagner und Zucker aufkochen und in die Schüssel gießen. Sofort mit einem Stabmixer für etwa 5 Minuten mixen und in der Eismaschine gefrieren. Dieses Sorbet gelingt nur in einer professionellen Speiseeismaschine.

CRÈME BRÛLÉE VON ZITRONEN-VERVEINE

ZUTATEN
für 4—6 Personen

375 g	Sahne
125 ml	Milch
40 g	Zucker
15 g	frische Verveineblätter
8	Eigelb (160 g)
40 g	Zucker
brauner Rohrzucker	

ZUBEREITUNG
Sahne, Milch und Zucker aufkochen, Verveine zufügen und 10 Minuten ziehen lassen. Eigelb und Zucker vermischen und die passierte Sahne-Milch dazugeben. Abkühlen lassen, die Masse in tiefe Teller verteilen und im Wasserbad im Ofen etwa 50 Minuten bei 100 °C pochieren. Kalt stellen und mindestens 12 Stunden durchkühlen lassen.
Vor dem Servieren mit feinem, braunen Zucker bestreuen und mit einer Lötlampe karamellisieren.

GEBACKENE BRIOCHE-SCHEIBEN MIT ZWETSCHGENKOMPOTT

ZUTATEN
für 4—6 Personen

Orangenblütensirup

150 ml	Wasser
225 g	Zucker
15 g	Orangenblütenwasser

Mandelcrème

60 g	Butter
60 g	Zucker
60 g	Mandelgrieß
1	Ei
5 g	brauner Rum
Mandelblättchen	

Zwetschgenkompott

400 g	Zwetschgen
100 g	Zucker
2	Zimtstangen
1	Vanilleschote
1/2	Orangenschale
50 g	Zwetschgenwasser

Brioche (siehe Rezept Seite 146)

ZUBEREITUNG
Für den Orangenblütensirup Wasser und Zucker aufkochen und mit Orangenblütenwasser parfümieren.
Für die Mandelcrème Butter und Zucker schaumig rühren, mit Mandelgrieß vermischen, Ei und Rum dazugeben.
Für das Kompott die Zwetschgen entsteinen und vierteln. Den Zucker mit etwas Wasser zum Karamell kochen, Zwetschgen, Zimtstange, ausgeschabtes Vanillemark, Orangenschale und Zwetschgenwasser zufügen und abgedeckt weich kochen. Danach die Gewürze entfernen und kalt stellen.
Die Brioche für dieses Rezept sollte bereits am Vortag gebacken werden.

Anrichten
Die Brioche in 2 cm dicke Scheiben schneiden und in den parfümierten Läuterzucker (Orangenblütensirup) tauchen, kurz abtropfen und auf Backpapier legen. Die Mandelcrème dünn aufstreichen und mit Mandelblättchen bedecken. Bei 230°C im Ofen goldbraun backen und gleich mit dem Zwetschgenkompott servieren.

GRIESSFLAMMERIE MIT GEWÜRZKIRSCHEN

ZUTATEN
für 4—6 Personen

Grießflammerie

200 ml	Milch
40 g	Zucker
1	Vanilleschote
1	Zimtstange
Abrieb von 1/2 Orangenschale	
30 g	Hartweizengrieß
2	Eigelb (40g)
25 g	Zucker
1 1/2	Blätter Gelatine
25 g	Kirschwasser
180 g	geschlagene Sahne

Gewürzkirschen

250 g	Kirschen
100 ml	roter Portwein
100 ml	Banyuls
200 ml	Kirschsaft
1	Nelke
1	Zimtstange
1	Vanilleschote
2	Sternanis
1	Lorbeerblatt
1	geriebene Tonkabohne
10 g	Mondamin
30 g	Kirschwasser

ZUBEREITUNG
Für die Grießflammerie Milch, Zucker und Gewürze aufkochen und 5 Minuten ziehen lassen. Passieren, nochmals aufkochen und den Grieß unter Rühren zugeben und 2 Minuten kochen. Mit Klarsichtfolie abdecken. Eigelb und Zucker über Wasserdampf aufschlagen und dann kalt schlagen. Die eingeweichte und ausgedrückte Gelatine mit Kirschwasser auflösen und zum temperierten Grieß geben. Die Eigelbmasse unterrühren und die geschlagene Sahne unterheben. In Ringe füllen und mindestens 2 Stunden kalt stellen.

Die Kirschen entsteinen und die Steine zerstoßen. Portwein stark reduzieren, Banyuls zufügen und ebenso reduzieren. Kirschsaft, Steine und Gewürze dazugeben, aufkochen und 5 Minuten köcheln lassen. Mit Mondamin binden und durch ein feines Sieb passieren. Die Kirschen in dem Fond etwa 5 Minuten köcheln. Zum Schluss Kirschwasser zufügen und kalt stellen.

Anrichten
Die Grießflammerie aus den Ringen lösen und auf Tellern anrichten, die Gewürzkirschen außenherum verteilen.

WARMER SCHOKOLADENAUFLAUF MIT MARINIERTEN ZITRUSFRÜCHTEN

ZUTATEN
für 4—6 Personen

Marinierte Zitrusfrüchte
1	Orange
1	Grapefruit
100 g	Kumquats
250 ml	Moscato d'Asti
1	Vanilleschote
50 g	Zucker

Schokoladenauflauf
1	Ei
1	Eigelb
30 g	Zucker
75 g	Butter
75 g	Bitterschokolade 55 % (z.B. Valrhona Equatorial)
20 g	Mehl

Butter zum Pinseln
Mehl zum Bestäuben

Grand-Marnier-Sabayon
2	Eigelb (40 g)
30 g	Moscato d'Asti
15 g	Grand Marnier
30 g	Zucker

Gewürzorangen
(siehe Rezept Seite 117)

ZUBEREITUNG
Für die marinierten Zitrusfrüchte die Orange und die Grapefruit schälen, filetieren und abtropfen lassen, den Saft aufbewahren. Die Kumquats im Ganzen dreimal in kochendem Wasser für einige Minuten blanchieren, das Wasser jeweils wechseln, damit die Bitterstoffe entfernt werden. Dann die Früchte halbieren und die Kerne entfernen. Den Saft der Zitrusfrüchte mit dem Moscato d'Asti, der ausgeschabten Vanilleschote und dem Zucker aufkochen, auf die Zitrusfrüchte gießen und etwa 1 Tag ziehen lassen.

Für den Schokoladenauflauf 4—6 Aluringe von 6 cm Durchmesser mit etwas Butter einpinseln und mit Mehl einpudern. Die Ringe auf ein Backblech mit Backpapier setzen.
Das Ei und das Eigelb mit Zucker fest aufschlagen. Die Butter mit der Schokolade im Wasserbad schmelzen und das gesiebte Mehl unterrühren, dann die Eiermasse unterheben und sofort die Ringe halb füllen und bei 200 °C im Ofen 8 Minuten backen.

In der Zwischenzeit die Zutaten für das Sabayon über Wasserdampf schaumig aufschlagen.

Anrichten
Die Gewürzorangen in Scheiben schneiden und mit den marinierten Zitrusfrüchten dekorativ auf den Tellern anrichten. Vom Schokoladenauflauf vorsichtig die Ringe entfernen und auf die Teller setzen, dann das Sabayon dazugeben.

Tipp
Dazu passt auch gut ein Vanilleeis.

ERDBEER-ROSMARIN-CHIBOUST

ZUTATEN
für 4—6 Tartelettes

1	Rosmarinzweig
1 1/2	Blatt Gelatine
15 g	Zitronensaft
60 g	Erdbeerpüree
50 ml	Milch
2	Eigelb (40 g)
15 g	Zucker
15 g	Mondamin
75 g	Eiweiß
60 g	Zucker

ZUBEREITUNG
Den Rosmarin fein hacken. Gelatine in kaltem Wasser einweichen. Zitronensaft, Erdbeerpüree und Milch zusammen aufkochen. Eigelb, Zucker, Rosmarin und Mondamin vermischen und zur Flüssigkeit geben. Zum Kochen bringen und 2 Minuten unter Rühren kochen. Nebenbei Eiweiß und Zucker zu steifem Schnee aufschlagen. Die ausgedrückte Gelatine mit der Erdbeercrème vermischen und den Eischnee unterheben. In einen Spritzbeutel füllen und sofort verwenden.

Tipp
Diese Masse kann man beim Rhabarber-Tartelett anstatt der Meringue verwenden.

VEGETARISCHE GERICHTE

GRATIN VON BLATTSPINAT MIT STEINCHAMPIGNONS

ZUTATEN
für 4 Personen

500 g	junger Blattspinat
1	Schalotte
20 g	Butter
1/4	fein geschnittene Knoblauchzehe
200 g	Steinchampignons (Champignons rosés)
150 g	Sahne (30 % Fett)
2 cl	Noilly Prat
2 cl	Weißwein
3 EL	Sauce Hollandaise (Rezept Seite 143)
1 EL	geschlagene Sahne
2 EL	frischer geriebener Parmesan

Salz und weißer Pfeffer aus der Mühle
Butter für die Form

ZUBEREITUNG

Den Spinat entstielen und gut waschen. In reichlich kochendem Salzwasser 30 Sekunden blanchieren, in Eiswasser abschrecken, abtropfen lassen und sehr gut ausdrücken. Die Schalotte abziehen und würfeln und in 10 g erhitzter Butter mit dem Knoblauch glasig dünsten, den Spinat zufügen und 3 Minuten köcheln lassen. Mit Salz und Pfeffer würzen.
Eine feuerfeste flache Form gut ausbuttern und den Spinat hineingeben.
Die Champignons gründlich putzen, anschließend in etwa 2 mm dünne Scheiben schneiden. In der restlichen erhitzten Butter 1 1/2 Minuten dünsten. Mit Salz und Pfeffer würzen. Gleichmäßig auf den Spinat verteilen. Die Sahne mit dem Noilly Prat und Wein zur Hälfte einköcheln lassen, die Sauce Hollandaise unterrühren, mit 1 Prise Salz abschmecken und zum Schluss die Schlagsahne unterziehen. Die Masse über den Champignons verteilen, mit Parmesan bestreuen. Den Grill im Backofen (Oberhitze) auf voller Stärke etwa 3 Minuten vorheizen. Dann das Gemüse auf mittlerer Schiene 1–2 Minuten goldbraun überbacken.

Anrichten
Als vegetarische Hauptmahlzeit das Gratin auf vorgewärmte Teller geben und mit neuen, kleinen Pellkartoffeln, Schupfnudeln oder Teigwaren servieren.

Tipp
Als Beilage passt das Gratin sehr gut zu gebratenen Fischgerichten sowie zu allen Fleisch- und Geflügelgerichten.

GEBACKENE BLÄTTERTEIGROLLE GEFÜLLT MIT WALDPILZEN AUF KERBELSAUCE MIT KAPUZINERBLÜTEN

ZUTATEN
für 4 Personen

400 g	Waldpilze (Steinpilze, Pfifferlinge, Maronenpilze, Butterpilze, ersatzweise Champignons, Shitake- und Austernpilze)
20 g	Butterschmalz oder geklärte Butter
1	Schalotte
1/2	Knoblauchzehe
1 Pr.	getrockneter Thymian
100 g	Sahne (30 % Fett)
1 EL	fein gehackte Petersilie
1 TL	fein geschnittene Zitronenmelisse
1 TL	fein geschnittener Thymian
200 g	Blätterteig (Rezept Seite 145 oder TK)
1	Eigelb (20 g)
1 EL	Vollmilch

Mehl zum Ausrollen
Salz und weißer Pfeffer aus der Mühle

Kerbelsauce

1 Bd.	Kerbel, etwa 50 g
1 EL	Schalottenwürfel
50 g	gewaschene Pilzabschnitte
30 g	Butter
6 cl	Pilzfond
5 cl	Weißwein
100 g	Sahne

Salz und weißer Pfeffer aus der Mühle

ZUBEREITUNG

Die Pilze sauber putzen und gleichmäßig würfeln. In einer großen Pfanne das Butterfett erhitzen. Schalotte und Knoblauch schälen, fein hacken und zusammen mit den Pilzen und dem Thymian in dem Fett anbraten. Auf ein Sieb geben, mit einer Schöpfkelle auspressen, den Pilzfond auffangen und beiseite stellen. Die Sahne dickflüssig einkochen, abkühlen lassen und zusammen mit der Petersilie, der Zitronenmelisse und dem Thymian unter die Pilze mischen. Mit Salz und Pfeffer abschmecken. Den Blätterteig antauen, auf einer bemehlten Fläche zu einem Rechteck von 30 x 20 cm ausrollen. Die Pilzmasse darauf streichen und alles zusammenrollen. Auf ein mit kaltem Wasser abgespültes Backblech legen und 10 Minuten ruhen lassen. Das Eigelb mit der Milch verquirlen, die Blätterteigrolle damit bepinseln und im vorgeheizten Backofen in die Mitte schieben. Bei 200 °C mit Heißluft 20–25 Minuten goldbraun backen.

Für die Kerbelsauce Kerbel kalt abspülen und grob klein schneiden. Schalotten und Pilzabschnitte in 15 g heißer Butter schwenken. Mit Pilzfond, Weißwein und Sahne auffüllen und 3 Minuten köcheln lassen. Danach im Mixer mit dem Kerbel und der restlichen Butter hellgrün fein pürieren. Passieren, mit Salz und Pfeffer fein abschmecken und warm halten.

Anrichten
Die heiße Blätterteigrolle mit einem elektrischen Messer in Scheiben aufschneiden und auf vorgewärmte Teller geben. Mit der aufgeschäumten Kerbelsauce und nach Wunsch mit Kerbelblättchen und Kapuzinerblüten aus dem Garten servieren.

ÜBERBACKENE POLENTA-SCHNITTE GEFÜLLT MIT TOMATEN-ZUCCHINI-RAGOUT AUF ROQUEFORTSAUCE

ZUTATEN
für 4 Personen

Polenta
1/2 EL	Schalottenwürfel
1/2	Knoblauchzehe
30 g	Butter
20 ml	Weißwein
50 ml	Wasser oder Geflügelfond
150 g	feiner Polentagrieß
1	Eigelb

Tomaten-Zucchini-Ragout
1	Zucchini, etwa 100 g
4	Schalotten
1/2	Knoblauchzehe
1 EL	kaltgepresstes Olivenöl
150 g	Tomaten
4	Basilikumblätter

Roquefortsauce
20 g	Butter
2	Schalotten
1 EL	Mehl
120 ml	Vollmilch
120 g	Sahne
20 ml	Weißwein
1 EL	Roquefort, sehr klein gewürfelt

Salz und weißer Pfeffer aus der Mühle

2 EL   frisch geriebener Parmesan

ZUBEREITUNG

Für die Polenta Schalotten und fein geschnittenen Knoblauch in heißer Butter schwenken, mit Weißwein und Wasser zum Kochen bringen. Unter ständigem Rühren den Polentagrieß einrieseln lassen und 10 Minuten zu einer kompakten Masse anrühren. Den Topf vom Herd nehmen, das Eigelb unterrühren, mit Salz und Pfeffer würzen. Die Masse auf eine Klarsichtfolie geben und zu einer dicken Wurst zusammendrehen. Nochmals in Alufolie einrollen, an den Enden straff zudrehen und kalt stellen.

Für das Tomaten-Zucchini-Ragout die Zucchini waschen und in gleichmäßige Würfel schneiden. Die Schalotten und die Knoblauchzehe schälen, fein würfeln und mit den Zucchiniwürfeln in dem erhitzten Öl glasig dünsten. Die Tomaten in kochendem Salzwasser blanchieren, in Eiswasser abschrecken und die Haut abziehen. Dann entkernen, würfeln und zu den Schalotten und Zucchini geben und kurz köcheln lassen. Mit fein geschnittenem Basilikum, Salz und Pfeffer abschmecken und warm halten.

Für die Roquefortsauce die Butter erhitzen, die Schalotten schälen, fein würfeln und darin glasig dünsten. Das Mehl darüber stäuben und hell anschwitzen. Mit Milch und Sahne auffüllen und mit dem Schneebesen zu einer glatten Sauce rühren. Den Weißwein zufügen und alles etwa 10 Minuten köcheln lassen. Die Sauce durch ein Sieb passieren, wieder auf den Herd stellen und den Roquefort unterrühren. Mit Salz und Pfeffer abschmecken.

Anrichten

Die Polenta aus der Folie wickeln und in 8 gleichmäßige Scheiben schneiden. In heißem Olivenöl von jeder Seite 1 Minute braten. Auf einen feuerfesten Teller 4 Polentascheiben legen und das Gemüseragout darauf verteilen. Mit den restlichen Polentascheiben jeweils abdecken, mit Parmesan bestreuen und unter dem heißen Flächengrill im Backofen goldbraun gratinieren. Die heiße, aufgeschäumte Sauce auf vorgewärmte Teller verteilen und die gefüllten Polentaschnitten darauf geben. Sofort servieren.

Tipp
Die Polentaschnitten eignen sich als Beilage zu Wild und Wildgeflügel. Mit einem gemischten Salat sind sie aber auch ein vollwertiges vegetarisches Gericht.

WARMER BLUMENKOHL-BROKKOLI-KUCHEN MIT GESCHMOLZENEM TOMATENCOULIS

ZUTATEN
für 4 Personen

Blumenkohl-Brokkoli-Kuchen
200 g	Blätterteig (TK oder Rezept Seite 145)
250 g	Hülsenfrüchte zum Blindbacken
1/2	Blumenkohlkopf
350 g	Brokkoli
10 g	Butter
250 g	Sahne (30 % Fett)
4 cl	Weißwein
3	Eier

Mehl zum Ausrollen
Salz und weißer Pfeffer aus der Mühle

Tomatencoulis
2	Tomaten, groß, fest und vollreif
1/4	geschälte und gehackte Knoblauchzehe
1	Thymianzweig
4 EL	kaltgepresstes Olivenöl
1 TL	Tomatenmark
2 cl	Pernod
4	fein geschnittene Basilikumblätter

1 Spritzer weißer Balsamico
Olivenöl
Salz und weißer Pfeffer aus der Mühle

ZUBEREITUNG

Für den Blumenkohl-Brokkoli-Kuchen den Blätterteig antauen und auf einer bemehlten Fläche ausrollen. Eine runde Kuchenform von etwa 20 cm Durchmesser damit auslegen und einen 3 cm hohen Rand formen. Mit einer Gabel den Boden mehrfach einstechen. Mit Alufolie auslegen und die Hülsenfrüchte darauf verteilen. In den vorgeheizten Backofen schieben und bei 180 °C etwa 10 Minuten blindbacken. Herausnehmen, abkühlen lassen und die Folie mit den Hülsenfrüchten entfernen.
Den Blumenkohl und Brokkoli putzen, waschen und in Röschen zerteilen. Die Hälfte von dem Blumenkohl in der erhitzten Butter andünsten. Mit Sahne und

Wein auffüllen und bei milder Hitze weich kochen. Die Masse etwas abkühlen lassen und zusammen mit den Eiern im Mixer pürieren, durch ein Sieb passieren und mit Salz und Pfeffer abschmecken. Restlichen Blumenkohl und Brokkoli nacheinander in kochendem Wasser bissfest garen, in Eiswasser abkühlen und danach in einer Salatschleuder trockenschleudern. Auf den Blätterteigboden verteilen und mit der Blumenkohlmasse überziehen. Glatt streichen und im Backofen bei 180 °C 25–30 Minuten backen.

Für die Tomatencoulis die Tomaten in kochendem Salzwasser blanchieren, in Eiswasser abschrecken und die Haut abziehen. Dann entkernen und in große Würfel schneiden. Die Hälfte als Einlage zur Seite stellen. Den Rest zusammen mit Knoblauch und Thymianblättchen in erhitztem Olivenöl schwenken. Das Tomatenmark und den Pernod zufügen und dickflüssig einköcheln. Mit Salz und Pfeffer abschmecken, leicht abkühlen lassen und mit Tomatenwürfeln, Basilikum, einem Spritzer weißem Balsamico und Olivenöl vermischen.

Anrichten
Den Gemüsekuchen noch heiß in gleichmäßige Portionen schneiden und auf vorgewärmten Tellern anrichten, mit den Tomatencoulis servieren.

OFENTOMATEN

ZUTATEN
für 4 Personen

12	reife Eiertomaten
1	Knoblauchzehe
3	Thymianzweige
3	Rosmarinzweige
3	Lorbeerblätter
50 ml	Olivenöl

Salz und Pfeffer aus der Mühle

ZUBEREITUNG
Die Tomaten kreuzweise einschneiden, in kochendem Salzwasser blanchieren und in Eiswasser abschrecken. Dann die Haut abziehen, die Tomaten vierteln, das Kerngehäuse entfernen und die Tomatenfilets auf Küchenkrepp etwas trocknen. Ein Backblech mit der Knoblauchzehe einreiben, die Tomatenfilets mit den Gewürzen auf dem Blech verteilen und mit Olivenöl beträufeln. Die Tomaten im Backofen bei 80 °C etwa 5 Stunden trocknen, dabei zwischendurch einmal wenden. Die Tomaten halten sich gut verschlossen etwa 3 Tage im Kühlschrank, in Olivenöl aufbewahrt auch länger.

PETERSILIENWURZELPÜREE

ZUTATEN
für 4 Personen

150 g	geschälte und gewürfelte Petersilienwurzeln
50 g	kalte Butterwürfelchen

Salz

ZUBEREITUNG
Wie beim Selleriepüree, jedoch ohne Zitrone und Vitamin C. Der Ablauf bei der Zubereitung bleibt gleich.

ROTE-BETE-PÜREE

ZUBEREITUNG
Wie beim Selleriepüree, bei den Zutaten statt Sellerie je 80 g Rote-Bete- und Selleriewürfel nehmen. Der Ablauf bei der Zubereitung bleibt gleich.

SELLERIEPÜREE

ZUTATEN
für 4 Personen

150 g	geschälter und gewürfelter Sellerie
1/2	Zitrone
1/2 TL	Vitamin C
50 g	kalte Butterwürfelchen

Salz

ZUBEREITUNG
Die Selleriewürfel nach dem Schneiden schnell in kaltes Wasser mit dem Saft der Zitrone legen. So bleibt das Gemüse schön weiß. 400 ml Wasser mit Vitamin C und Salz aufkochen, Sellerie hineingeben und gerade weich kochen. Danach das heiße Gemüse in eine Kartoffel- oder Spätzlepresse, ausgelegt mit einem dünnen Tuch, geben und den Saft völlig ausdrücken. Das noch gut warme Gemüse in einer Küchenmaschine mit der kalten Butter fein pürieren. Das Püree durch ein Passiersieb streichen, mit Salz würzig abschmecken. Zum Servieren in einer Sauteuse unter ständigem Rühren erwärmen, oder in einen Spritzsack mit Plastiksterntülle füllen, in der Mikrowelle erhitzen und dann als Beilage aufspritzen.

SPITZKOHLBÄLLCHEN

ZUTATEN
für 12 Bällchen

1	Spitzkohlköpfchen
2	Scheiben durchwachsener Speck
1	Schalotte
2 EL	Gänseschmalz
2 EL	fein geschnittener Schnittlauch

Salz, Pfeffer aus der Mühle

2 EL	Geflügelfond (Rezept Seite 139)
1 EL	Butter

ZUBEREITUNG
Den Spitzkohl in Blätter zerteilen, die harten Stielansätze entfernen, ebenso die äußeren Blätter. 12 schöne, grüne Blätter zu Vierecken zuschneiden, in kochendem

Salzwasser kurz blanchieren und in Eiswasser abschrecken, dann trockenlegen. Die restlichen Blätter und Abschnitte in feine Streifen schneiden. Die Speckscheiben und die Schalotte fein würfeln und in Gänseschmalz anschwitzen, dann die Spitzkohlstreifen zugeben und gar dünsten, mit Salz und Pfeffer würzen, etwas abkühlen lassen und Schnittlauch zugeben. Die Spitzkohlblätter auslegen, jeweils etwas von der Kohlfüllung darauf geben und mit einem kleinen Küchentuch zu kleinen Bällchen formen. Alternativ kann man auch kleine Rouladen rollen und diese mit einem blanchierten Schnittlauchhalm zubinden.

Diese Beilage lässt sich gut vorbereiten, zum Anrichten schiebt man die Bällchen oder Rouladen mit etwas Geflügelfond (oder Wasser) und Butter abgedeckt in den Backofen, so dass sie heiß werden.

COUSCOUS

ZUTATEN
für 4 Personen

1	Limonenblatt
1/2	Stange Zitronengras
100 g	feinkörniger Couscous
1 Spritzer Weißwein	
2 EL	Gemüsewürfel, bissfest blanchiert: rote Paprika, Lauch, Sellerie
10 g	gewürfelte Butter
1/4 TL	Ras el Hanout (Couscousgewürz, Feinkostgeschäft)
1/2 TL	fein geschnittene Korianderblätter

ZUBEREITUNG

1/2 Liter Wasser mit dem Limonenblatt und dem klein geschnittenen Zitronengras in einem Topf aufkochen. Ein halbrundes, feines Sieb in den Topf hängen, Couscous hineingeben, mit 1 Spritzer Wein beträufeln, mit einem Deckel verschließen und etwa 15 Minuten in dem Dampf des kochenden Wassers garen. Zwischendurch zwei- bis dreimal öffnen und auflockern, kurz vorm Servieren die Gemüsewürfel und die Butterwürfelchen untermischen und mit Ras el Hanout, Koriander und Salz abschmecken.

GRIESSSTRUDEL

ZUTATEN
für etwa 16 Scheiben

250 ml	Milch
40 g	Butter
80 g	Hartweizengrieß
40 g	Butter
2	Eigelb
125 g	Sauerrahm
2	Strudelteigblätter (TK), 40 x 40 cm
1 TL	gehackte Kräuter

Salz, Pfeffer, Muskat
weißes Trüffelöl

ZUBEREITUNG

Milch und Butter aufkochen, den Grieß einrühren und kurz quellen lassen.
Butter cremig schlagen, nacheinander die Eigelbe unterschlagen und unter die lauwarme Grießmasse rühren, ebenso den Sauerrahm. Die Masse mit Salz, Pfeffer und Muskat abschmecken und nach Belieben mit Trüffelöl und Kräutern aromatisieren. Strudelblätter auslegen, mit etwas Butter einpinseln und aufeinander legen, die Grießmasse auftragen, einrollen und anschließend fest in Frischhalte- und Alufolie einwickeln.
Die Rolle etwa eine Stunde bei 90 °C im Wasserbad pochieren und anschließend gut durchkühlen lassen. Dann in Scheiben schneiden und in Butter goldgelb braten.

Tipp
Der Grießstrudel passt gut zu Fleisch- und Geflügelgerichten und ergibt — mit frischem Gemüse ergänzt — auch einen leckeren vegetarischen Hauptgang.

KARTOFFEL-BLÄTTERTEIG-SCHNITTE

ZUTATEN
für 10 Schnitten

500 g	Kartoffeln, gekocht und gut ausgedämpft, von vorwiegend festkochenden Kartoffeln
1 EL	Bärlauchpesto (Rezept Seite 141)
1 EL	Limonen-Olivenöl
1 EL	fein gehackte Kräuter (Petersilie, Kerbel, Estragon, Thymian)
2	Blätterteigplatten à 15 x 20 cm (Rezept Seite 145 oder TK)
2	Eigelb

Salz und Pfeffer aus der Mühle

ZUBEREITUNG

Die Kartoffeln müssen im Ofen gut ausgedämpft und trocken sein, dann im Kühlschrank auskühlen lassen. Bärlauchpesto, Limonen-Olivenöl und gehackte Kräuter unter die Kartoffeln mischen und dabei alles etwas zerdrücken. Die Masse sollte kompakt sein und noch Kartoffelstücke enthalten, zum Schluss mit Salz und Pfeffer abschmecken.
Den Blätterteig etwa 2 mm dick ausrollen und auf 15 x 20 cm zuschneiden. Eine entsprechende Form oder einen selbst gebauten Holzrahmen von 2 cm Höhe mit einem Backpapier auslegen und den Blätterteig darauf legen. Den Teig mit Eigelb einpinseln und die Kartoffelmasse gleichmäßig darauf streichen. Die zweite Blätterteigplatte obenauf legen und mit einem Wellholz vorsichtig andrücken, dann wieder gut kalt stellen.
Mit einem scharfen Messer den Rahmen lösen und abheben. Nun das Ganze einmal längs halbieren und die Hälften schräg in Rauten schneiden. Die Schnitten von oben mit Eigelb einpinseln und mit einer Gabel ein Rautenmuster einritzen. Die Schnitten bei 180 °C im Umluftofen etwa 10—12 Minuten goldgelb ausbacken und servieren.

KARTOFFELBLINIS

ZUTATEN
für 4 Personen

350 g	mehlige Kartoffeln
40 g	Crème fraîche
50 g	Sahne
3	Eigelb (60 g)
30 g	Mehl
20 g	Mondamin

Salz, Pfeffer, Zitronenpfeffer

ZUBEREITUNG
Geschälte Kartoffeln gar kochen und gut ausdämpfen. Mit einer Gabel zerdrücken oder durch eine Kartoffelpresse drücken, dann nach und nach die anderen Zutaten unterrühren und abschmecken.
Die Blinis in einer heißen Pfanne mit wenig Fett ausbacken.

Tipp
Der Bliniteig kann mit Pilzwürfeln und Kräutern ergänzt werden und passt zu vielen Gerichten.

KARTOFFEL-ZUCCHINI-GRATIN

ZUTATEN
für 4–6 Personen

500 g	festkochende Kartoffeln
1	kleine Zucchini
1/2	Knoblauchzehe
200 g	Sahne
100 ml	Milch
1	Thymianzweig
1	Rosmarinzweig
20 g	Butterwürfelchen

Salz und weißer Pfeffer aus der Mühle
Butter zum Auspinseln

ZUBEREITUNG
Die Kartoffeln waschen, schälen und mit einer Aufschnittmaschine oder einem Gemüsehobel in gleichmäßige Scheiben schneiden. Mit Küchenkrepp abtupfen. Die Zucchini waschen und ebenfalls in dünne Scheiben schneiden. Die Knoblauchzehe schälen und eine feuerfeste Form damit ausreiben, dann mit Butter auspinseln. Nun dicht nebeneinander je 3 Kartoffelscheiben und 1 Zucchinischeibe fächerförmig einschichten. Sahne und Milch mit Rosmarin und Thymian einmal aufkochen und mit Salz und Pfeffer würzig abschmecken. Kräuterzweige entfernen und die Milch vorsichtig über die Kartoffelscheiben gießen. Mit den Butterwürfelchen belegen und bei 220 °C im vorgeheizten Backofen etwa 30–40 Minuten goldbraun backen.

Tipp
Dieses Gratin ist eine delikate Beilage zu Geflügel- und Fischgerichten. Gibt man in die Sahne noch 3–4 Esslöffel frisch geriebenen Parmesan, so ist das Gratin zusammen mit einem frischen Salat auch ein vollwertiges Hauptgericht für 3 Personen.

KÜRBIS-GNOCCHI

ZUTATEN
für 6–8 Portionen

300 g	Kartoffeln
200 g	Kürbis
150 g	fester Ricotta
150 g	Mehl
40 g	Parmesan
4	Eigelb

Salz und Pfeffer aus der Mühle

ZUBEREITUNG
Kartoffeln und Kürbis schälen und in Salzwasser gar kochen, dann im Ofen ausdämpfen lassen, bis beides fast trocken ist. Kürbis, Kartoffeln und Ricotta durch ein feines Sieb streichen und mit Mehl, Parmesan und Eigelb zu einem formbaren Teig verarbeiten. Dann in fingerdicke Rollen formen, portionieren und über einen Gabelrücken gleichmäßige Gnocchi abdrehen. Diese zum Servieren in siedendem Salzwasser gar ziehen und anschließend in Butter oder Olivenöl anschwenken.
Als Ricotta sollte man den festen Salatricotta verwenden.

NUDELGRATIN

ZUTATEN
für 4 Personen

120 g	Bandnudeln (Rezept Seite 147)
4 cl	Noilly Prat
200 g	Sahne
2 cl	Weißwein
2 EL	Hollandaise (Rezept Seite 143)
2 EL	geschlagene Sahne
1 EL	frisch geriebener Parmesan

Salz und Pfeffer aus der Mühle

ZUBEREITUNG
Die Bandnudeln in kochendem Salzwasser bissfest garen, abgießen und gut abtropfen lassen. Den Noilly Prat auf die Hälfte einköcheln, die Sahne zufügen und weiter auf die Hälfte einköcheln. Die Nudeln untermischen und den Wein angießen. 2 Minuten köcheln lassen, vom Herd nehmen und die Hollandaise sowie die Schlagsahne unterziehen. Mit Salz und Pfeffer abschmecken, alles in eine feuerfeste Form geben, mit dem Parmesan überstreuen und im Backofen bei Oberhitze oder im Salamander goldbraun überbacken.

Tipp
Das Nudelgratin passt gut als Beilage zu Geflügelgerichten und hellem Fleisch. Es kann aber auch als eigenständiges Gericht serviert werden. Dann nimmt man einfach die doppelte Menge der Zutaten und schichtet noch Gemüse mit ein — zum Beispiel Pilze, frische Passepierre-Algen oder Karottenstreifen, kurz blanchiert und in wenig Butter sautiert.

PETERSILIENSPÄTZLE

ZUTATEN
für 4 Personen

100 g Blattpetersilie
1 Ei
1 Eigelb
160 g Weizenmehl, Type 405
1 EL Mineralwasser
Salz
Butter zum Schwenken

Für einfache Spätzle die Petersilie weglassen.

ZUBEREITUNG
Die Petersilienblätter von den Stielen zupfen und gut waschen. Abtropfen und mit dem Ei und dem Eigelb im Mixer pürieren und in eine Schüssel füllen. Nach und nach das gesiebte Mehl unterrühren und mit Wasser und Salz alles zu einem nicht zu festen Teig verschlagen. Einen Teil des Teiges auf einem Spätzlebrett dünn verstreichen und mit einem Teigschaber oder einer Palette feine Streifen in kochendes Salzwasser schaben. 3 Minuten köcheln lassen, dann mit einer Schaumkelle herausheben und in Eiswasser abschrecken, mit dem restlichen Teig ebenso verfahren. Die Spätzle abtropfen lassen und in zerlassener Butter anschwenken.

SCHUPFNUDELN

ZUTATEN
für 4—6 Personen

250 g Kartoffeln, gekocht und gut ausgedämpft von mehlig kochenden Kartoffeln
2 Eigelb
50 g Mehl, Type 405
20 g Kartoffelstärke
Salz und Pfeffer aus der Mühle

ZUBEREITUNG
Die Kartoffeln müssen im Ofen gut ausgedämpft und trocken sein. Die Kartoffeln pressen und dann die restlichen Zutaten unter die Masse kneten, bis der Kartoffelteig eine homogene Konsistenz hat. Nun längliche Rollen formen und davon etwa nussgroße Stückchen abschneiden. Diese zu länglichen Schupfnudeln rollen, die an den Enden spitz zulaufen. Die Schupfnudeln in siedendem Salzwasser garen, bis die Nudeln an der Oberfläche schwimmen, aber nicht kochen. Die Schupfnudeln aus dem Wasser heben und in Butter anschwenken.

FISCHFARCE

ZUTATEN

200 g Zanderfilet
180 g Sahne
2 cl trockener Sherry
Saft von 1/2 Zitrone
Salz
Tabasco

ZUBEREITUNG
Das Zanderfilet (statt Zander kann man auch Hecht oder Forelle verwenden) häuten und Gräten ziehen. Das Fleisch klein schneiden und mit Salz und 1 Spritzer Tabasco würzen. Separat mit der Sahne in das Tiefkühlfach geben und leicht anfrieren lassen. Nach etwa 30 Minuten die Fischmasse in die Küchenmaschine geben und 10—20 Sekunden durchmixen. Zuerst die Hälfte der Sahne zufügen, kurz durchmixen und dann den Rest dazugießen. Alles schnell zu einer glatten glänzenden Farce verarbeiten. Die Farce durch ein feines Haarsieb streichen, mit Sherry, etwas Zitronensaft und Salz abschmecken.

Anmerkung

Für das gute Gelingen einer Farce ist es wichtig, dass die Zutaten richtig durchgekühlt sind, sonst „verbrennt" sie bei der hohen Drehzahl der Küchenmaschine und die Farce verliert ihre Bindung. Von jeder Farce immer vor der weiteren Verarbeitung ein Probeklößchen machen: mit 1 Teelöffel etwas von der Farcemasse abstechen und in siedendem Wasser 3 Minuten ziehen lassen. Das Klößchen herausnehmen und durchschneiden; die Schnittfläche sollte glatt und glänzend sein. Ist das Klößchen zu fest, noch 1—2 Esslöffel Schlagsahne unter die gut gekühlte Farce ziehen. Die Farce kann man nach Wunsch färben, mit gemixten Kräutern (Petersilie, Dill, Sauerampfer) grün, mit Safran gelb und mit wenig Rote-Bete-Saft rötlich. Diese Farce ist die Basis für Terrinen, Klößchen und Füllungen. Für Soufflés hebt man geschlagenes Eiweiß und geschlagene Sahne unter die Masse.

ABWANDLUNG KRUSTENTIERFARCE

Rohes, ausgebrochenes Hummerfleisch oder ausgebrochene rohe Langustinen im Verhältnis 1:1 zum Zanderfilet verarbeiten.

GEFLÜGELFARCE

ZUTATEN

100 g	Poularden- oder Hähnchenbrustfleisch (ohne Haut)
30 g	Gänsestopfleber
100 g	Sahne
2 cl	weißer Portwein

Salz und weißer Pfeffer aus der Mühle

ZUBEREITUNG

Das Poulardenbrustfleisch und die Gänsestopfleber fein schneiden und mit Salz und Pfeffer abschmecken. Separat mit der Sahne in das Tiefkühlfach geben und leicht anfrieren lassen. Dann zusammen mit der Sahne im Küchencutter zu einer glatten glänzenden Farce vermixen. Die fertige Farce 15 Minuten kühl stellen, durch ein feines Passiersieb streichen und mit Portwein und 1 Prise Salz abschmecken.

Anmerkung

Damit die Farce gelingt und nicht stumpf und trocken wird, ist es wichtig, dass das Fleisch und die Sahne im leicht angefrorenen Zustand — also gut durchgekühlt — verarbeitet werden. Denn durch die hohe Drehzahl des Küchencutters erwärmt sich die Masse zu schnell und könnte dann gerinnen (verbrennen).

Gänsestopfleber verfeinert die Farce. Sie können aber darauf verzichten.

Bevor man die Farce weiterverarbeitet, sollte unbedingt eine Probe gemacht werden: Ein Klößchen mit 1 Teelöffel von der Masse abstechen und in siedendes Wasser geben. Ist sie zu weich, arbeitet man noch etwas gemixte Poulardenbrust unter die gut durchgekühlte Farce. Ist sie im Biss zu fest, wird etwas Schlagsahne zugefügt. Diese Farce ist die Basis für Terrinen, Füllungen und Klößchen. Mit blanchiertem, gut ausgedrücktem Spinat, Petersilie und Kerbel, alles gut durchgekühlt vermixt, erhalten Sie eine sehr schöne grüne Farce.

FLEISCHFARCE-VARIANTEN

KALBSFLEISCHFARCE MIT KALBSFLEISCH
KANINCHENFARCE MIT KANINCHENFLEISCH
WILDFARCE MIT REHFLEISCH.

GÄNSESTOPFLEBER-TERRINE

ZUTATEN

1	frische Gänsestopfleber, etwa 650 g
6 cl	Sauternes
5 cl	weißer Portwein
4 cl	Cognac

Gewürzmischung

(10 g Gewürzmischung auf 600 g Leber)

1 Pr.	Pökelsalz
1 TL	weißer Pfeffer aus der Mühle
3 EL	Salz
1 Pr.	Zucker
1 Msp.	Pastetengewürz (Rezept Seite 137)

ZUBEREITUNG

Von der Leber (Zimmertemperatur) die Haut abziehen, halbieren, etwas flach drücken und vorhandene blutige Adern mit einer Pinzette entfernen. In eine Schüssel geben, mit den gemischten Gewürzen und den Spirituosen marinieren und für 1–2 Tage mit Klarsichtfolie umschlossen im Kühlschrank durchziehen lassen. Danach die Leber wie eine dicke Wurst in eine Klarsichtfolie einrollen. Diese noch einmal mehrmals in Alufolie einrollen und an den Enden straff fest drehen. Die Gänseleber in 50 °C warmem Wasserbad etwa 40 Minuten pochieren. Danach mindestens 1 Tag kalt stellen.

Man kann auch eine geeignete Porzellan-Terrinenform dünn mit grünem, ungeräuchertem Speck auslegen, die Leber einschichten, mit Speck verschließen und abgedeckt auf einem Backblech mit etwa 3 cm Wasser bei 100 °C im Backofen 40 Minuten pochieren.

Tipp

Die qualitativ beste Leber kommt aus Frankreich (Perigord), aber auch Ungarn und Israel liefern sehr gute Stopflebern.

MEHLBUTTER – BEURRE MANIE

ZUTATEN

60 g weiche Butter
60 g Mehl

ZUBEREITUNG
Die Butter mit dem Mehl zusammen verkneten. In Folie einpacken und im Kühlschrank lagern. Hält sich so einige Tage lang frisch.

Tipp
Mehlbutter verwende ich hauptsächlich zum Binden von Rahmsaucen und Suppen. Soll es einmal schnell gehen, hilft aber auch Mais- oder Kartoffelstärke, angerührt mit etwas Weißwein, womit ich hauptsächlich klare, helle und dunkle Saucen leicht binde.

PILZBUTTER

ZUTATEN

250 g	gewürfelte Pilze (Shitake-Pilze, Herbsttrompeten, Pfifferlinge, Champignons)
250 g	weiche Butter
1	Ei
1	Eigelb
50 g	geriebenes Weißbrot
1 EL	gehackte Kräuter (Thymian, Rosmarin, Petersilie und Kerbel)

Salz und Pfeffer aus der Mühle
Butterschmalz zum Anbraten

ZUBEREITUNG
Die geputzten und fein gewürfelten Pilze in heißem Butterschmalz scharf anbraten, mit Salz und Pfeffer würzen und kalt stellen. Die weiche Butter in einer Küchenmaschine schaumig rühren, dann nach und nach das Ei und das Eigelb zufügen. Die Pilzwürfel und das geriebene Weißbrot vorsichtig unter die Butter heben, die Kräuter zufügen und mit Salz und Pfeffer abschmecken. Die Buttermasse in eine mit Backpapier ausgelegte Form füllen, im Kühlschrank durchkühlen lassen und dann einfrieren. Die Butter lässt sich in gefrorenem Zustand sehr dünn aufschneiden und gut aufbewahren.

Tipp
Zum Überbacken von kurz gebratenen Fischfilets, Geflügel- und Kalbsfleisch sowie für Wildgerichte eignet sich die Pilzbutter gut.

SCHALOTTENBUTTER

ZUTATEN

100 g	Schalottenwürfel
500 ml	Banyuls-Rotwein (oder lieblicher Rotwein)
100 ml	roter Portwein
250 g	weiche Butter
1	Ei
1	Eigelb
1 EL	gehackte Thymianblätter

Salz und Pfeffer aus der Mühle

ZUBEREITUNG
Die Schalotten mit dem Banyuls und Portwein dickflüssig einkochen und gut abkühlen. Die weiche Butter in einer Küchenmaschine schaumig rühren, dann nach und nach das Ei und das Eigelb zufügen. Die Schalotten gut untermischen und mit Thymian, Salz und Pfeffer kräftig abschmecken. Die Buttermasse in eine mit Backpapier ausgelegte Form füllen, im Kühlschrank durchkühlen lassen und dann einfrieren. Die Butter lässt sich in gefrorenem Zustand sehr dünn aufschneiden und gut aufbewahren.

Tipp
Die Schalottenbutter eignet sich gut zum Überbacken von kurz gebratenen Fischfilets und kräftigen Fleischgerichten.

GEWÜRZLACHSBEIZE

ZUTATEN

300 g	Meersalz
200 g	brauner Zucker
8 g	schwarzer Pfeffer
8 g	Senfkörner
2	Nelken
6 g	Pimentkörner
5 g	Thymian
10 g	Fenchelsamen
2	Lorbeerblätter
8 g	Wacholderbeeren
10 g	Sternanis
8 g	Korianderkörner

ZUBEREITUNG
Alle Zutaten in einer Küchenmaschine kurz mixen. Bei der Weiterverarbeitung das Lachsfilet beidseitig würzen, in Klarsichtfolie einschlagen und etwa 1/2 Tag im Kühlschrank marinieren lassen. Danach kalt abspülen, und den Gewürzlachs weiterverarbeiten. Die Gewürzmischung kann im verschlossenen Glas gut noch länger aufbewahrt werden.

PASTETENGEWÜRZ

ZUTATEN

2 EL	Pfeffer
1 EL	Sichuanpfeffer
1 TL	grünes Anis
1 TL	Macisblüte
10	Pimentkörner
5	Wacholderbeeren
2	Nelken

ZUBEREITUNG
Die Gewürze in einer elektrischen Gewürz- oder Kaffeemühle fein zermahlen und luftdicht und kühl in einem Glas aufbewahren. Diese Mischung passt gut zu klassischen Geflügelterrinen oder auch zum Würzen von Gänse- und Entenstopfleber.

FISCHFOND

ZUTATEN
für 1 Liter

750 g	Fischgräten (von Seezunge, Rotzunge, Steinbutt, Forelle, Zander)
80 g	Staudensellerie
1/2	Lauchstange (nur das Helle)
5	Schalotten (oder 3 Zwiebeln)
20 g	Butter
4	glatte Petersilienzweige
1	Thymianzweig
1	Estragonzweig
1	Lorbeerblatt
6	weiße Pfefferkörner
1	Gewürznelke
500 ml	Weißwein

ZUBEREITUNG
Die Fischgräten zerkleinern und in eine Schüssel geben. Mit kaltem fließendem Wasser so lange wässern, bis das Wasser ganz klar abläuft. Den Sellerie und Lauch waschen, putzen und würfeln. Die Schalotten schälen und vierteln. In der erhitzten Butter glasig dünsten. Fischgräten, Gemüse, Kräuter und Gewürze zufügen, mit Wein und kaltem Wasser bedecken. Bei milder Hitze im offenen Topf 15 Minuten köcheln lassen und — falls nötig — zwischendurch abschäumen. Die Brühe durch ein sehr feines Haarsieb oder Tuch passieren.

FISCHGELEE

ZUTATEN

250 ml	Fischfond
2 1/2	Blatt Gelatine
4 cl	Weißwein
1 Pr.	Safranpulver
1 Spritzer Sherry	
Salz	
Tabasco	

ZUBEREITUNG
Den schön klar hergestellten Fischfond mit der aufgelösten Gelatine in 4 cl warmem Wein verrühren. Nach Wunsch 1 Prise Safranpulver zugeben und mit Salz, Tabasco und Sherry gut würzig abschmecken. Das Gelee kann kalt in Würfelchen geschnitten oder erwärmt aufgelöst zum Überglänzen verarbeitet werden.

Tipp
Sollte der Fischfond nicht klar genug sein, schlägt man 2 Eiweiß unter den kalten Fischfond. Dann vorsichtig, nur ab und zu über den Boden rührend, einmal aufkochen und etwa 12 Minuten sieden lassen. Danach behutsam durch ein Tuch laufen lassen.

HUMMER-, LANGUSTEN- ODER KREBSFOND

ZUTATEN
für 1 Liter

500 g	Karkassen von Krustentieren
30 g	Butterschmalz oder geklärte Butter
250 g	Gemüse (Karotten, Lauch, Zwiebeln, Fenchel, Staudensellerie)
4 cl	Cognac
200 ml	trockener Weißwein
250 g	geschälte Tomaten (aus der Dose)
1/2	Knoblauchzehe
10	weiße, zerstoßene Pfefferkörner
5	Pimentkörner
1	Thymianzweig
2	Estragonzweige

ZUBEREITUNG
Die Karkassen gut unter fließend kaltem Wasser abspülen. Abtropfen lassen und im Mörser fein zerstampfen. In dem erhitzten Butterfett zusammen mit den Gemüsen anrösten. Mit dem Cognac ablöschen und flambieren. Den Weißwein dazugießen, die Tomaten im Mixer pürieren und unterrühren. Alles gerade eben mit kaltem Wasser bedecken. Gewürze und Kräuter untermischen und bei milder Hitze im offenen Topf 20 Minuten köcheln lassen. Ein Durchschlagsieb mit einem Passiertuch auslegen und den Krustentierfond hineinschütten. Die Tuchenden fassen und gleichmäßig nach unten und oben bewegen, so lange, bis der Fond durchgelaufen ist. Durch diesen Vorgang kommt mehr von der Tomatenessenz durch das Tuch und gibt damit dem Fond eine schöne rote Farbe.

FONDS & REDUKTIONEN

GEFLÜGELFOND, HELL

ZUTATEN
für 1 Liter

2 kg	Geflügelknochen
200 ml	trockener Weißwein
50 g	Champignons
100 g	Schalotten
60 g	Karotten
50 g	Knollensellerie
40 g	Lauch
1/2	Lorbeerblatt
2	glatte Petersilienzweige
2	Estragonzweige
1	Gewürznelke

ZUBEREITUNG
Die Knochen klein hacken. Mit kaltem Wasser und dem Wein bedecken, zum Kochen bringen und abschäumen. Die Champignons und das Gemüse waschen, putzen, klein schneiden und zusammen mit Kräutern und Gewürzen zu den Knochen geben. Bei milder Hitze im offenen Topf 1 1/2 Stunden köcheln lassen. Durch ein Sieb oder Tuch passieren und entfetten — in heißem Zustand mit Küchenkrepp oder die Brühe erkalten lassen und die erstarrte Fettschicht abheben.

GEFLÜGELFOND, DUNKEL

ZUTATEN
für 1 Liter

2 kg	Geflügelknochen
2 EL	Öl
150 g	Zwiebeln
60 g	Karotten
40 g	Knollensellerie
40 g	Tomatenmark
200 ml	Weiß- oder Rotwein
1/2	Lorbeerblatt
1	Thymianzweig
10	schwarze Pfefferkörner
1	Gewürznelke

ZUBEREITUNG
Die Geflügelknochen in Stücke kleinhacken und in dem erhitzten Öl rundherum kräftig anbraten. Man kann die Knochen auch ohne Fett auf einem Backblech im Ofen anrösten. Das geputzte, zerkleinerte Gemüse zufügen, kurz mitrösten und das Tomatenmark unterrühren. Mit dem Wein auffüllen und die Flüssigkeit stark einkochen lassen. Mit kaltem Wasser bedecken, aufkochen lassen und abschäumen. Kräuter und Gewürze zufügen und bei milder Hitze im offenen Topf 2 Stunden köcheln lassen. Durch ein Sieb oder Tuch passieren und nach Belieben entfetten — in heißem Zustand mit Küchenkrepp oder die Brühe erkalten lassen und die erstarrte Fettschicht abheben.

KALBSFOND, HELL

ZUTATEN
für 1 Liter

2 kg	Kalbfleischknochen
200 ml	trockener Weißwein
150 g	Zwiebeln
60 g	Karotten
40 g	Knollensellerie
40 g	Lauch
1/2	Knoblauchzehe
je 1	Thymian- und Rosmarinzweig
2–3	Petersiliezweige
2	Estragonzweige
1	Tomate
1	Gewürznelke
5	weiße Pfefferkörner

ZUBEREITUNG
Die Knochen grob zerhacken. Mit kaltem Wasser und Wein bedecken und zum Kochen bringen. Abschäumen. Das geputzte, zerkleinerte Gemüse, die Gewürze und Kräuter zufügen und im offenen Topf bei milder Hitze 2–2 1/2 Stunden köcheln lassen. Durch ein feines Haarsieb oder Tuch passieren und falls nötig entfetten — in heißem Zustand mit Küchenkrepp oder die Brühe erkalten lassen und die erstarrte Fettschicht abheben.

KALBSFOND, DUNKEL

ZUTATEN
für 1 Liter

2,5 kg	Kalbsknochen
2 EL	Öl
150 g	Zwiebeln
60 g	Karotten
40 g	Knollensellerie
40 g	Tomatenmark
200 ml	trockener Rotwein
1/2	Lorbeerblatt
je 1	Thymian- und Rosmarinzweig
10	Pfefferkörner
1–2	Gewürznelken
5	Pimentkörner
1/2	Knoblauchzehe

ZUBEREITUNG
Die Knochen fein zerhacken und in dem erhitzten Öl von allen Seiten kräftig anbraten. Das Fett abgießen. Das Gemüse waschen, putzen, klein schneiden und zufügen. Unter ständigem Rühren anrösten. Das Tomatenmark unterrühren, nach und nach Wein und etwas Wasser zugießen, dabei immer wieder ein bisschen einkochen lassen; so erhält der Fond später eine schöne klare Farbe. Nach dem letzten Einkochen die Knochen gut mit Wasser bedecken, aufkochen lassen und abschäumen. Kräuter und Gewürze zufügen und bei milder Hitze im offenen Topf 2–2 1/2 Stunden köcheln lassen. Durch ein Sieb oder Tuch passieren und entfetten — in heißem Zustand mit Küchenkrepp oder die Brühe erkalten lassen und die erstarrte Fettschicht abheben.

FONDS & REDUKTIONEN

MILCHLAMM- ODER ZICKLEINFOND

ZUTATEN
für 1 Liter

2 kg	Milchlamm- oder Zickleinknochen
150 g	Zwiebeln
60 g	Karotten
40 g	Sellerie
4 EL	Olivenöl
1	Knoblauchzehe (mit Schale)
40 g	Tomatenmark
1/2	Lorbeerblatt
1	Gewürznelke
1	Thymianzweig
1	Rosmarinzweig
10	Pfefferkörner (schwarz und weiß)
200 ml	Weiß- oder Rotwein

ZUBEREITUNG

Die Knochen zusammen mit dem ganzen geputzten und zerkleinerten Gemüse in einer Kasserolle mit Olivenöl im Ofen hell anrösten. Knoblauch, Tomatenmark, Lorbeer, Nelke, Thymian, Rosmarin und Pfefferkörner zufügen. Mit Wein und Wasser auffüllen und offen im Ofen oder auf dem Herd bei milder Hitze 2 Stunden köcheln lassen. Durch ein Sieb passieren und falls nötig entfetten — in heißem Zustand mit Küchenkrepp oder die Brühe erkalten lassen und die erstarrte Fettschicht abheben.

Tipp
Wenn man das Tomatenmark und den Rotwein weglässt, erhält man einen hellen Fond.

LAMMFOND, DUNKEL

ZUTATEN
für 1 Liter

2,5 kg	Lammknochen
2 EL	Olivenöl
150 g	Zwiebeln
60 g	Karotten
50 g	Knollensellerie
50 g	Tomatenmark
300 ml	Rotwein
1	Lorbeerblatt
1	Thymianzweig
1	Rosmarinzweig
1	Knoblauchzehe
3	Pimentkörner
10	Pfefferkörner
1–2	Gewürznelken

ZUBEREITUNG

Die Knochen fein zerhacken und in einer Kasserolle in dem erhitzten Öl von allen Seiten anbraten. Das geputzte, zerkleinerte Gemüse zufügen und mit anrösten. Das angesammelte Fett abgießen. Das Tomatenmark unterrühren und nochmals anrösten. Nach und nach mit Wein und Wasser angießen, dabei zwischendurch immer wieder die Flüssigkeit einköcheln lassen. Das gibt dem Fond nachher eine schöne klare, dunkelbraune Farbe. Nach dem Einkochen die Knochen mit kaltem Wasser bedecken, aufkochen und abschäumen. Die Kräuter und Gewürze zufügen und bei milder Hitze im Ofen oder auf dem Herd im offenen Topf etwa 3 1/2 Stunden köcheln lassen. Durch ein feines Haarsieb oder Tuch passieren und entfetten — in heißem Zustand mit Küchenkrepp oder die Brühe erkalten lassen und die erstarrte Fettschicht abheben.

PORTWEINGELEE

ZUTATEN
für 1/2 Liter

300 g	Rinderhesse (Wadenfleisch)
50 g	geschälte Karotten
30 g	geschälter Staudensellerie
30 g	geschälte Schalotten
1	Eiweiß
10	Wacholderbeeren
1	Gewürznelke
1	Thymianzweig
6	zerdrückte weiße Pfefferkörner
2	Pimentkörner
500 ml	Rinderkraftbrühe
200 ml	roter Portwein
6	Blatt Gelatine
150 ml	weißer Portwein
Salz	

ZUBEREITUNG

Das Fleisch zusammen mit dem zerkleinerten Gemüse durch die grobe Scheibe des Fleischwolfs drehen. Mit dem Eiweiß und den Gewürzen in die Brühe einrühren und bei milder Hitze unter ständigem Rühren langsam zum Kochen bringen. Den roten Portwein zufügen und 20 Minuten ziehen lassen. Durch ein Tuch passieren. Die Gelatine kalt einweichen, gut ausdrücken und in dem noch warmen Fond auflösen. Mit einer Prise Salz würzen, den weißen Portwein unterrühren und kalt stellen.

Anmerkung
Nach etwa 5 Stunden ist das Gelee schnittfest und kann, in feine Würfelchen geschnitten, zu Terrinen serviert werden. Leicht erwärmt füllt man es in Pasteten oder gießt damit Formen aus.

REDUKTIONEN VON DUNKLEN FONDS UND KRUSTENTIERFONDS

ZUTATEN
für je 2–3 Esslöffel

200 ml Fond (von Kalb, Geflügel, Wild oder Krustentieren)

ZUBEREITUNG
Den Fond in einer Kupferkasserolle bei milder Hitze langsam dickflüssig einkochen.

ABWANDLUNG KRUSTENTIERFONDS

3 EL Crème fraîche, Crème double oder ungesüßte Schlagsahne (30 % Fett) mit 1 EL Krustentierreduktion vermischen und mit 4 Tropfen Balsamico-Essig und 1/2 TL Vinaigrette aromatisieren.

Anmerkung
Reduktionen werden zur Färbung und Geschmacksverbesserung von Terrinen, Pasteten und Soufflés gebraucht, aber auch für kalte Sahne- und Cremesaucen. Bei einer Reduktion zeigt es sich, wie wichtig es ist, bei der Grundzubereitung von Fonds keinerlei Salz zu verwenden. Denn das starke Einkochen intensiviert die Aromastoffe.

WILD- ODER WILDGEFLÜGELFOND

ZUTATEN
für 1 Liter

2,5 kg	Wildknochen
2 EL	Öl
150 g	Zwiebeln
60 g	Karotten
40 g	Knollensellerie
50 g	Tomatenmark
300 ml	Wein
1	Lorbeerblatt
1	Thymianzweig
1	Rosmarinzweig
7	Pimentkörner
10	schwarze Pfefferkörner
10	Wacholderbeeren
1	Gewürznelke

ZUBEREITUNG
Die Knochen fein zerhacken und in einer Kasserolle in dem erhitzten Öl anbraten. Das geputzte, zerkleinerte Gemüse zufügen und 5–8 Minuten mitrösten. Das Fett abgießen und das Tomatenmark unterrühren. Nochmals kurz anrösten. Nach und nach den Wein und das Wasser zugießen, zwischendurch die Flüssigkeit immer wieder ganz einkochen lassen. Nach dem letzten Einkochen kaltes Wasser über die Knochen geben, aufkochen lassen und abschäumen. Die Kräuter und Gewürze zufügen, bei milder Hitze im Ofen oder auf dem Herd im offenen Topf 2–2 1/2 Stunden köcheln lassen. Durch ein feines Haarsieb oder Tuch passieren und entfetten — entweder in heißem Zustand mit Küchenkrepp aufsaugen oder die Brühe erst erkalten lassen und die erstarrte Fettschicht dann abheben. Nach Belieben zur gewünschten Konsistenz einköcheln.

BÄRLAUCHPESTO

ZUTATEN

200 g	Bärlauchblätter (März/April)
50 g	Petersilienblätter
50 g	frisch geriebener Parmesan
2 EL	Pinienkerne
200 ml	kaltgepresstes Olivenöl
1 TL	weißer Balsamico

Salz und weißer Pfeffer aus der Mühle

ZUBEREITUNG
Die gewaschenen Bärlauchblätter 5 Sekunden in kochendem Salzwasser blanchieren. Sofort in Eiswasser abkühlen, sehr gut ausdrücken und mit den anderen Zutaten im Mixer dickflüssig fein pürieren. Mit Salz, Pfeffer und Balsamico würzig abschmecken und im verschlossenen Einweckglas im Kühlfach aufbewahren.

BOUILLABAISSE-SAUCE

ZUTATEN

3	geschälte Schalotten
1/2	Lauchstange
1/2	Fenchelknolle
2	Staudenselleriestangen
500 g	Langustinenkarkassen
250 g	Hummerkarkassen
250 g	Rotbarbenkarkassen (oder Loup de mer)
100 ml	Weißwein
1 l	Fischfond
2	reife Tomaten
2	Thymianzweige
2	Estragonzweige
1	Rosmarinzweig
100 g	Sahne
1 Msp.	Safran
50 g	kalte Butterwürfel
5 cl	kaltgepresstes Olivenöl
2 cl	Pernod

Saft von 1/2 Zitrone
Salz und Pfeffer aus der Mühle

ZUBEREITUNG
Das Gemüse in Würfel schneiden und in Olivenöl anschwitzen, dann die Karkassen zugeben und mit anschwitzen. Mit Weißwein und Fischfond bedecken, Tomaten klein schneiden und mit den Kräutern zufügen. Den Fond etwa 1 Stunde köcheln lassen, dann durch ein Tuch passieren und auf 400 ml einkochen, die Sahne zufügen, nochmals um ein Drittel einkochen, Safran, Butter und Olivenöl untermixen und mit Pernod, Zitronensaft, Salz und Pfeffer abschmecken.

SAUCEN

FISCH-WEISSWEIN-SAUCE

ZUTATEN
für 8 Personen

500 ml	Fischfond (Rezept Seite XX)
200 ml	trockener Weißwein
1 EL	Mehlbutter (Rezept Seite XX)
150 g	Sahne (30 % Fett)
10 g	Crème fraîche
1/2	Zitrone
Salz	

ZUBEREITUNG
Den Fischfond mit Wein und der Mehlbutter langsam zum Kochen bringen und auf die Hälfte der Flüssigkeit einkochen. Die Sahne und Crème fraîche zufügen und wieder auf ein Drittel der Flüssigkeit reduzieren. Mit etwas Zitronensaft und Salz abschmecken.

DIESE GRUNDSAUCE LÄSST SICH VERSCHIEDEN ABWANDELN:

CHAMPAGNERSAUCE

6 cl Champagner bei milder Hitze stark reduzieren. 20 cl von der Fisch-Weisswein-Sauce zufügen und auf 15 cl einkochen lassen. Mit 20 g eiskalten Butterwürfeln montieren, eventuell etwas nachwürzen und kurz vor dem Servieren 1 Schuss Champagner und 1 Esslöffel geschlagene Sahne (30 % Fett) unterziehen.

KRÄUTERSAUCE

1 Esslöffel verschiedene gehackte Kräuter mit 25 g Butter mixen und gut gekühlt kurz vor dem Servieren unter die Fisch-Weißwein-Sauce schlagen.

MAYONNAISE

ZUTATEN
für 600 g

1	Eigelb
1 EL	Gewürzgurkenfond
2 EL	trockener Weißwein
1/2 TL	Delikatess-Senf
500 ml	kaltgepresstes Distel- oder Sonnenblumenöl

Saft von 1/2 Zitrone
Salz und weißer Pfeffer aus der Mühle

ZUBEREITUNG
Das Eigelb mit Gurkenfond, Wein, Zitronensaft und Senf in einer hochwandigen Schüssel verschlagen. Unter ständigem Rühren, das geht am besten mit einem Schneebesen oder dem elektrischen Handrührer, langsam das zimmerwarme Öl dazugießen. Mit Salz und Pfeffer würzen. In ein sauberes Glas füllen und im Kühlschrank aufbewahren, hält sich bis zu 3 Wochen frisch.

WICHTIGE ABWANDLUNGEN DER MAYONNAISE:

SAUCE TATAR

200 g Mayonnaise mit je 1 Teelöffel sehr fein gehackten Cornichons, hartgekochten Eiern, gehackter glatter Petersilie, extra feinen Kapern, Prise Salz und Pfeffer vermischen.

COCKTAILSAUCE

200 g Mayonnaise mit 2 Esslöffeln Tomatenketchup, 1 Esslöffel frisch geriebenem Meerrettich, 1 Teelöffel Worchestersauce, 1 Teelöffel Cognac, 1 Msp. Cayennepfeffer und 1 Spritzer Zitronensaft vermischen.

PESTOSAUCE

ZUTATEN

50 g	Blattpetersilie
50 g	Basilikumblätter
50 g	Pinienkerne
20 g	fein geriebener Parmesan oder Pecorino
100 ml	kaltgepresstes Olivenöl
2 EL	weißer Balsimico

Salz und weißer Pfeffer aus der Mühle

ZUBEREITUNG
Alle Zutaten im Mixer unter Zugabe des Olivenöls zu einer sämigen Sauce aufmixen. Pestosauce, die nicht gebraucht wird, kann im verschlossenen Einweckglas etwa 3–4 Wochen im Kühlschrank aufbewahrt werden.

SAUCE AMÉRICAINE (HUMMERSAUCE)

ZUTATEN
für 8 Personen

700 g	Hummerkarkassen
30 g	Butterschmalz oder geklärte Butter
1	Schalotte
4 cl	Cognac
1 EL	Mehl
300 ml	trockener Weißwein
800 ml	heller Geflügelfond (Rezept Seite 139)
250 g	geschälte Tomaten (aus der Dose)
1	Thymianzweig
1	Estragonzweig
8	schwarze, zerdrückte Pfefferkörner
1/2	Knoblauchzehe
100 g	Fenchel
100 g	Karotten
100 g	Knollensellerie
10 g	Butter
1	Tomate
4 cl	weißer Portwein
Salz	

ZUBEREITUNG

Die Hummerkarkassen im Mörser fein zerdrücken. Das Butterschmalz erhitzen. Die Schalotte schälen, in dünne Scheiben schneiden und in dem Fett glasig dünsten. Die Hummmerkarkassen zufügen und unter Rühren kräftig anrösten. Mit dem Cognac ablöschen und flambieren. Das Mehl darüber stäuben, mit Weißwein, Geflügelfond und den pürierten Tomaten auffüllen. Die Kräuter, Gewürze und Knoblauch zufügen. 20 Minuten köcheln lassen. Durch ein feines Haarsieb passieren und auf 400 ml Flüssigkeit einkochen. Das Gemüse waschen, putzen und in kleine Würfel schneiden. In der erhitzten Butter andünsten. Mit der Hummersauce aufgießen und 5 Minuten köcheln lassen. Die Tomate in kochendem Salzwasser blanchieren, in Eiswasser abschrecken, vierteln und entkernen. Das Fruchtfleisch fein würfeln und unter die Sauce geben. Etwas einköcheln, mit Salz und Portwein abschmecken.

Anmerkung
Diese Sauce lässt sich zu allen Krustentieren und Fischen mit Krustentieren servieren. Mit einem Schuss Champagner und 2 Esslöffel geschlagener Sahne kann man sie verfeinern und verlängern.

SAUCE BÉCHAMEL (MILCHSAUCE)

ZUTATEN
für 4 Personen

60 g	Butter
75 g	Mehl
1 l	Vollmilch
1	Zwiebel, geschält und mit 2 Gewürznelken und 1 Lorbeerblatt gespickt

Muskatnuss
Salz

ZUBEREITUNG

Die Butter in einer Kasserolle erhitzen. Das Mehl zufügen und alles hell anschwitzen. Den Topf vom Herd nehmen und die Mehlschwitze erkalten lassen. Die Milch aufkochen, unter die Mehlschwitze rühren, wieder auf den Herd stellen und unter ständigem Rühren erhitzen. Die gespickte Zwiebel zufügen und bei milder Hitze 30 Minuten köcheln lassen. Zwischendurch mehrfach umrühren. Mit etwas abgeriebener Muskatnuss und Salz würzen. Durch ein Tuch oder feines Sieb passieren.

Tipp
Diese Sauce passt gut zu Gemüse, zum Binden oder zum Gratinieren.

DIE WICHTIGSTEN ABWANDLUNGEN EINER MILCHSAUCE:

SAUCE MORNAY

Unter die abpassierte Milchsauce 20 g kalte Butterwürfel und 2–3 Esslöffel frisch geriebenen Parmesan rühren.

MEERRETTICHSAUCE

Die Milchsauce mit reichlich frisch geriebenem Meerrettich würzen und mit etwas Zitronensaft abrunden.

SAUCE SOUBISE (WEISSE ZWIEBELSAUCE)

300 g geschälte, in Scheiben geschnittene Zwiebel in 250 ml Milch weich dünsten und durch ein Sieb passieren. Mit der Béchamel-Sauce aufmixen, mit Cayennepfeffer würzen.

Tipp
Die Sauce Soubise mit 2–3 Esslöffel Sauce Hollandaise vermischen, auf Steaks vom Schwein oder Rind streichen und Grati-nieren — schmeckt ganz ausgezeichnet.

SAUCE HOLLANDAISE

ZUTATEN
für 4 Personen

150 g	Butter
3	Eigelb
3 EL	kaltes Wasser
1 EL	Weißwein

Saft von 1/2 Zitrone
Salz

ZUBEREITUNG

Die Butter bei milder Hitze zerlassen. In einem emaillierten Topf die 3 Eigelb mit je 1 Esslöffel kaltem Wasser und Weißwein im Wasserbad cremig aufschlagen, dann die zerlassene Butter langsam unterrühren. Die Sauce im Wasserbad weiterhin bis zu einer cremigen Konsistenz aufschlagen. Anschließend mit Salz und Zitronensaft abschmecken. Diese Sauce sollte immer à la minute zubereitet und dann sofort serviert werden.

DIE WICHTIGSTEN ABWANDLUNGEN DER HOLLANDAISE:

SAUCE MOUSSELINE

Die Hollandaise mit 2–3 Esslöffel geschlagener Sahne vermischen. Die Sauce Mousseline ist gut zum Gratinieren geeignet.

SAUCE BEARNAISE

ZUTATEN

2 TL	Estragonessig
1 EL	fein gehackte Estragonblätter
1 EL	fein gehackte Petersilie
1–2	fein gehackte Schalotten
100 ml	trockener Weißwein

Weißer Pfeffer aus der Mühle
Salz und Zitronensaft

ZUBEREITUNG

Diese Zutaten stark reduzieren, bis fast alle Flüssigkeit verkocht ist. Man gibt diese Reduktion in die Hollandaise und würzt anschließend mit Salz, Pfeffer und Zitrone nach.

SAUCE CHORON

Eine Bearnaise mit 1 Teelöffel eingekochtem, passiertem Tomatenmark verrühren.

Tipp
Bei der Zubereitung einer Hollandaise in einem Topf mit emaillierter Oberfläche behalten die in der Sauce enthaltenen Eigelbe ihre Farbe besonders gut. Bei Zubereitung einer Hollandaise in einem Topf mit metallener Oberfläche (Edelstahl, Aluminium und Guss) verliert die Sauce etwas von ihrer leuchtend gelben Farbe.

SAUCE MARCHAND DE VIN (WEINHÄNDLERSAUCE)

ZUTATEN
für 4 Personen

300 g	Schalotten
20 g	Butter
250 ml	Rotwein
1 l	dunkler Kalbsfond (Rezept Seite 139)
8	schwarze, zerdrückte Pfefferkörner
	Salz

ZUBEREITUNG
Die Schalotten schälen und in Scheiben schneiden. In der erhitzten Butter glasig dünsten. Mit Rotwein und Kalbsfond aufgießen, die Pfefferkörner zufügen und bei milder Hitze auf 1/4 Liter Flüssigkeit reduzieren. Durch ein feines Haarsieb passieren und nochmals um die Hälfte einkochen. Mit Salz abschmecken.

Tipp
Diese Sauce erhält ihre natürliche Bindung durch die Schalotten, ist kräftig im Geschmack und hat einen schönen dunklen Glanz. Man serviert sie am besten zu dunklem Fleisch. Sie passt aber auch ebenso gut zu gebratenen Bluttaubenbrüstchen, Gänsestopfleber und Kalbsbries auf Salat.

SAUCE RICHE (REICHE SAUCE)

ZUTATEN
für 4 Personen

300 g	Champignons
20 g	Butter
100 g	Gänsestopfleber (auch marinierte Abschnitte)
4 cl	Weißwein
400 ml	dunkler Kalbsfond (siehe Rezept Seite 139)
200 g	Sahne
2 cl	Cognac
	Salz und Pfeffer aus der Mühle

ZUBEREITUNG
Die Champignons putzen, waschen, trocken tupfen und in feine Scheiben schneiden. In der erhitzten Butter goldbraun braten. Die Gänseleber in feine Stücke schneiden, zufügen und kurz schwenken. Mit dem Weißwein, Kalbsfond und Sahne auffüllen. Die Flüssigkeit nun auf die Hälfte einkochen lassen und durch ein feines Haarsieb passieren. Auf die gewünschte Konsistenz reduzieren und mit Cognac, Salz und Pfeffer fein abschmecken. Diese feine Sauce passt bestens zu Geflügel und hellen Fleischgerichten.

SAUCE VERTE

ZUTATEN
für 4 Personen

2 Bd.	Basilikum
1 Bd.	Petersilie
1/4	Knoblauchzehe
2 EL	Pinienkerne
15 cl	kaltgepresstes Olivenöl
1 TL	feine Kapern
1	Spritzer weißer Balsamico
	Salz und weißer Pfeffer aus der Mühle

ZUBEREITUNG
Die Kräuter waschen, schleudern und die Blättchen von den Stielen zupfen. Alles zusammen mit den restlichen Zutaten für die Sauce mit 1 Prise Salz im elektrischen Mixer fein zu einer Paste pürieren.

Tipp
Diese Sauce kann man gut verschlossen in einem Einweckglas im Kühlschrank einige Tage aufbewahren. Risottos und Teigwaren kann man köstlich mit dieser Sauce servieren.

TOMATENSAUCE

ZUTATEN

200 g	gewürfelte Wurzelgemüse (Zwiebel, Lauch, Staudensellerie, Karotte)
1	Knoblauchzehe
5 EL	Olivenöl
1 kg	geschälte Eiertomaten (Dose oder Glas)
2 EL	Tomatenmark
1	Liebstöckelzweig
1	Thymianzweig
1	Rosmarinzweig
	Salz und Pfeffer aus der Mühle

ZUBEREITUNG
Gemüse mit geschälter Knoblauchzehe in heißem Olivenöl etwa 3 Minuten schwenken. Tomaten, Tomatenmark und die Kräuter zugeben und bei kleiner Hitze etwa 12 Minuten dickflüssig einköcheln lassen. Danach durch ein grobes Sieb passieren und mit Salz und Pfeffer würzig abschmecken. Die Sauce kann in Gläser abgefüllt, gut verschlossen, mehrere Tage im Kühlschrank aufbewahrt werden.

Tipp
Die Tomatensauce kann sehr gut zu Nudelgerichten, Risottos oder Pizzen gereicht oder verarbeitet werden.

TEIGE & MASSEN

VELOUTÉ
(WEISSE GRUNDSAUCE)

ZUTATEN
für 4 Personen

50 g	Lauch (nur das Helle)
2	Schalotten
50 g	Knollensellerie
60 g	Butter
75 g	Mehl
1 l	heller Geflügel- oder Kalbsfond (Rezept Seite 139)
250 ml	trockener Weißwein

Salz und weißer Pfeffer aus der Mühle

ZUBEREITUNG
Lauch, Schalotten und Sellerie putzen, klein schneiden und in der erhitzten Butter andünsten. Mit dem Mehl überstäuben und hell anschwitzen. Mit dem kalten Fond und Weißwein aufgießen und unter häufigem Rühren 45 Minuten zur gewünschten Bindung einköcheln. Mit Salz und Pfeffer würzen und durch ein Tuch oder feines Haarsieb passieren.

Anmerkung
Die Velouté ist die wichtigste weiße Grundsauce für Geflügel- oder Kalbsfrikassee und Gemüse. Sie wird nur noch mit Sahne oder Crème double geschmacklich abgerundet.

VINAIGRETTE
(SALATSAUCE)

ZUTATEN
für 4 Personen

200 ml	heller Geflügelfond
1	Thymianzweig
1	Estragonzweig
3	Schalotten
4 EL	Walnussöl
4 EL	Distelöl
4 EL	Traubenkernöl
2 EL	Sherryessig
1 TL	Balsamicoessig
2 EL	Sherry (medium/Amontillado)
1/2 TL	Dijon-Senf
1 Pr.	Zucker

Salz und weißer Pfeffer aus der Mühle

ZUBEREITUNG
Den Geflügelfond mit Thymian und Estragon um die Hälfte reduzieren, die Kräuterstängel entfernen. Die Schalotten schälen, fein würfeln und 30 Sekunden blanchieren. In Eiswasser abschrecken und gut abtropfen lassen. Mit den restlichen Zutaten gut verrühren und abschmecken. In ein gut verschließbares Gefäß füllen und im Kühlschrank aufbewahren, hält sich mindestens 5 Tage frisch.

WICHTIGE ABWANDLUNGEN DER VINAIGRETTE:

KRÄUTER-VINAIGRETTE
Zugabe von 2 Esslöffel feingeschnittenen frischen Kräutern (z.B. Schnittlauch, Liebstöckel, glatte Petersilie, Kerbel, Estragon, Dill).

MEERRETTICH-SENF-SALATSAUCE
4 Esslöffel Crème fraîche mit 2 Esslöffel Vinaigrette verrühren. Eine Msp. Dijon-Senf, 1 Teelöffel gekochte Senfsaatkörner, 1 Teelöffel geschälter, sehr fein gewürfelter Meerrettich und 1 Teelöffel Dillspitzen zufügen. Mit Pfeffer und Salz abschmecken.

HUMMERTRÜFFELSAHNE
4 Esslöffel Crème fraîche mit 2 Esslöffel Vinaigrette verrühren. 2 Esslöffel Hummerreduktion, 20 g sehr feingewürfelte schwarze Trüffel, 1 Esslöffel roten Portwein und 1 Spritzer Balsamico zufügen. Mit Salz abschmecken.

BISKUITTEIG

ZUTATEN
für etwa 500 g Teig

2	Eier
2	Eigelb
185 g	Zucker
115 g	Mandelpuder
7	Eiweiß
90 g	Mehl

ZUBEREITUNG
Die Eier, Eigelb, 110 g Zucker und das Mandelpuder mit der Rührmaschine weißschaumig aufschlagen. Eiweiß mit dem restlichen Zucker zu einem festen Eischnee schlagen und anschließend mit dem gesiebten Mehl unter die Eiermasse heben. Ein Backblech mit Backpapier versehen und die Biskuitmasse gleichmäßig aufstreichen. Im Backofen bei 200 °C etwa 10 Minuten backen. Ist der Biskuit fertig gebacken, zieht man diesen sofort auf ein Gitter, um ihn rasch abzukühlen.

BLÄTTERTEIG

ZUTATEN
für 1 kg Teig

500 g	Mehl (Type 405)
50 g	Butter
10 g	Salz
200 ml	Wasser
350 g	Butter

Saft von 1/4 Zitrone
Mehl zum Ausrollen
Wasser zum Bestreichen

ZUBEREITUNG
Das Mehl auf eine Arbeitsfläche sieben und in die Mitte eine breite Mulde drücken. Dahinein die Butter, das Salz, den ausgepressten Zitronensaft und das Wasser geben und nun vom Rand her zur Mitte alles zu einem geschmeidigen Teig verarbeiten. Zu einer Kugel formen, die Oberfläche kreuzweise einschneiden und zugedeckt 60 Minuten kühl ruhen lassen. Dann die Teigkugel auf einer bemehlten

TEIGE & MASSEN

Fläche 6 mm dünn ausrollen; die Mitte sollte etwas dicker sein. Die nicht zu weiche Butter zu einem flachen viereckigen Stück ausformen und auf die dickste Teigstelle in der Mitte geben. Den Rand des Teiges mit Wasser bestreichen, die Teigenden über der Butter wie ein Paket zusammen schlagen, etwas flach drücken, auf ein mit Mehl bestäubtes Tuch legen und 20 Minuten kühl stehen lassen. Auf einer bemehlten Fläche dann zu einem rechteckigen Stück von 1,5 cm Dicke ausrollen, dabei mit gleichmäßigem Druck arbeiten und die Rolle abwechselnd von unten nach oben und von rechts nach links führen. Für die erste einfache Tour 2/3 des Teiges zusammenklappen (wie ein Handtuch). Diese doppelte Tour ebenfalls dreimal wiederholen und zwischendurch immer wieder 20 Minuten kühl stellen. Den fertigen Teig in Portionen aufteilen und nach Bedarf einfrieren. Aufgetaut lässt er sich ebenso gut wieder verarbeiten.

Anmerkung
Je exakter und sorgfältiger Sie beim Tourengeben arbeiten, um so besser wird das spätere Ergebnis. Beim Ausrollen immer darauf achten, dass der Teig auf einer bemehlten, kühlen Platte (am besten Marmor) bearbeitet wird. Vor jedem Zusammenklappen den Mehlstaub sorgfältig vom Teig abbürsten. Wenn Ihnen die Blätterteigherstellung zu aufwändig ist, können Sie sich den Teig bei Ihrem Bäcker bestellen oder einen fertigen TK-Blätterteig nehmen, der sich sehr gut verarbeiten lässt.

BRIOCHE

ZUTATEN
für 4 Personen

12 g	Hefe
300 g	Mehl
7 g	Salz
25 g	Zucker
50 g	Milch
2	Eier
1	Eigelb
125 g	Butter
Fett für die Form	

ZUBEREITUNG
Die Hefe in eine Schüssel zerbröckeln. Mit Mehl, Salz und Zucker vermischen. Nach und nach Milch, Eier und Eigelb dazugeben und solange kneten, bis der Teig nicht mehr an der Schüssel klebt. Die Butter in kleine Würfel schneiden, nach und nach zum Teig geben und kneten, bis der Teig sich wieder von der Schüssel löst. Mit einem feuchten Tuch abdecken und an einem warmen Ort gehen lassen. Wenn der Teig seinen Volumen verdoppelt hat, wieder zusammenkneten und in eine gebutterte Kastenform setzen, darin noch mal gehen lassen. Wenn der Teig sein Volumen wieder verdoppelt hat, bei 180° C in den Ofen schieben. Mit einer Sprühflasche etwas Wasser in den heißen Ofen sprühen, um Dampf zu erzeugen und sofort die Tür schließen. Nach 15 Minuten die Tür kurz aufmachen, dann wieder schließen und noch 10 Minuten weiterbacken. Die Brioche auf einem Kuchengitter abkühlen lassen.

ABWANDLUNG FEIGEN-ROSMARIN-BRIOCHE
Vor dem letzten Gehenlassen 1/2 Teelöffel fein geschnittene Rosmarinnadeln und 2 Esslöffel Trocken-Feigenwürfelchen untermischen.

ABWANDLUNG KÜRBISKERN-BRIOCHE
Vor dem letzten Gehenlassen 2 Esslöffel grob gehackte und 1 Esslöffel ganze Kürbiskerne untermischen.

Anrichten
Die in Scheiben geschnittene Brioche zum Servieren toasten und zusammen mit Butter reichen.

Tipp
Je mehr man den Teig durchwalkt und gehen lässt, um so feinporiger wird er später.

FOCACCIA-BROT

ZUTATEN

12 g	Hefe
5 g	Salz
175 ml	Wasser
250 g	Mehl
30 ml	Olivenöl

ZUBEREITUNG
Hefe und Salz in lauwarmen Wasser auflösen, mit Mehl zu einem zähen Teig schlagen, Olivenöl darauf geben und etwa 20 Minuten bei etwa 20 °C Raumtemperatur gehen lassen. Dann mit dem Öl auf einem Backblech ausbreiten und nochmals gehen lassen, schließlich bei 220 °C etwa 25 Minuten goldgelb backen, danach abkühlen lassen.

Tipp
Das Brot eignet sich auch gut als Beilage zum Essen, wenn man es vor dem Backen mit frisch geschnittenen Kräutern wie Rosmarin und Thymian bestreut.

KÜRBISKERN-KROKANT

ZUTATEN
für 4 Personen

100 g	Zucker
2 g	Pektin
65 g	Butter
35 g	Glukose
30 g	Wasser
50 g	geröstete Kürbiskerne

ZUBEREITUNG

Zucker und Pektin vermischen, Butter und Glukose auf 50 °C schmelzen, Wasser dazugeben und die Zucker-Pektin-Mischung unter Rühren hinzufügen. Dann aufkochen und 2 Minuten köcheln lassen, nun etwa 1 Stunde kalt stellen. Diese Masse ganz dünn auf eine Silikon-Backmatte aufstreichen und bei 200 °C in den Backofen schieben. Wenn die Masse im Ofen zu kochen beginnt, streut man die gerösteten Kürbiskerne darauf und backt den dabei entstandenen Krokant weiter bis zu einer goldbraunen Farbe. Die Krokantblätter kurz abkühlen lassen, mit einer Schere zuschneiden und in Timbalformen oder in Gläsern zu Tüten formen. Der Krokant zieht schnell Feuchtigkeit an und sollte daher schnell verbraucht werden.

MÜRBTEIG

ZUTATEN
für etwa 500 g Teig

250 g	Mehl
100 g	Puderzucker
115 g	Butter
1 Pr.	Salz
1	Ei

Schale von 1/2 Zitrone
Mark einer Vanilleschote

ZUBEREITUNG

Mehl und Puderzucker fein in eine Rührschüssel sieben. Die restlichen Zutaten, bis auf das Ei, beigeben und mit dem Knethaken zerbröseln. Nun das Ei beigeben und rasch einarbeiten. Den Teig in Frischhaltefolie einwickeln und vor der Verarbeitung für etwa 1/2 Stunde im Kühlschrank ruhen lassen.

NUDELTEIG

ZUTATEN
für 4 Personen

1	Ei
2	Eigelb
1/2 TL	kaltgepresstes Distelöl
1 Pr.	Salz
200 g	Mehl

ZUBEREITUNG

Ei, Eigelbe, Öl und Salz in eine Schüssel geben und mit dem Schneebesen gut verrühren. Nach und nach das Mehl dazusieben und mit den Händen so lange verkneten, bis sich der Teig vom Schüsselrand und den Händen löst. Der Nudelteig muss schön glatt, aber noch fest und zäh sein. Zur Kugel formen, in Klarsichtfolie einschlagen und 30 Minuten kühl stellen. Dann den Teig durch die Nudelmaschine treiben und je nach Wunsch feine oder breite Nudeln herstellen.

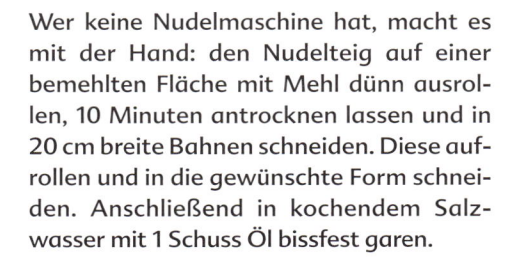

Wer keine Nudelmaschine hat, macht es mit der Hand: den Nudelteig auf einer bemehlten Fläche mit Mehl dünn ausrollen, 10 Minuten antrocknen lassen und in 20 cm breite Bahnen schneiden. Diese aufrollen und in die gewünschte Form schneiden. Anschließend in kochendem Salzwasser mit 1 Schuss Öl bissfest garen.

DIE WICHTIGSTEN ABWANDLUNGEN:

SPINATNUDELN

100 g frischen, blanchierten Spinat gut ausdrücken, mit den Eiern, Öl und Salz im Mixer fein pürieren und mit dem Mehl wie zuvor beschrieben herstellen. Etwa 2—3 Esslöffel mehr Mehl nehmen, damit der Teig seine gewünschte Festigkeit erhält.

TOMATENNUDELN

1 Esslöffel Tomatenmark und 3—4 frische, fein geschnittene Basilikumblättchen zu der Eimischung im Grundrezept geben und mit 1—3 Esslöffel mehr Mehl die gewünschte Festigkeit des Teiges herstellen.

SCHWARZE NUDELN

Tintenfisch-Tinte (Feinkostgeschäft) mit den Eiern, Öl und Salz gut verrühren und wie im Rezept fertig stellen.

GESTREIFTER NUDELTEIG

Hellen Nudelteig dünn ausrollen. Fein geschnittene schwarze Nudelstreifen schön im Abstand auflegen und mit einem Wellholz gut andrücken. Nochmals durch die Maschine walzen und nach Wunsch weiter verarbeiten.

ESTRAGON-NUDELN

In den Nudelteig etwas fein geschnittenen Estragon geben und vor dem Servieren mit 1 Teelöffel Estragon in Butter anschwenken.

PARMESANGEBÄCK

ZUTATEN
für 4 Stücke

8	Backpapier-Blättchen
20 g	geriebener Parmesan
1 EL	Speisestärke, dickflüssig verrührt mit wenig Wein und Wasser

Blüten oder frische Kräuter nach Belieben
Salz und Pfeffer aus der Mühle

ZUBEREITUNG
Für das Käsegebäck 4 Backpapier-Blättchen von 10 x 10 cm in eine kalte Pfanne legen. Je 1/2 Teelöffel Parmesan auf die Papiermitte streuen, etwas Stärkebrei darauf laufen lassen, Blüten oder Kräuterspitzen auflegen. Darüber wiederum 1 Prise Parmesan und 3 Tropfen Stärke verteilen. Jetzt mit je 1 Backpapier-Blättchen bedecken und mit einer kleineren Pfanne fest angedrückt auf eine erhitzte Herdplatte geben und bei mittlerer Hitze goldbraun kross backen. Danach lässt sich das Käsegebäck einfach aus dem Backpapier nehmen und bei Zimmertemperatur einige Stunden aufbewahren.

Tipp
Die Zubereitung des Gebäcks bedarf etwas Übung. Es schmeckt auch gut zum Aperitif oder einfach zwischendurch.

PIZZATEIG

ZUTATEN

200 ml	lauwarmes Wasser
2–3 EL	kaltgepresstes Olivenöl
17 g	Hefe
350 g	Mehl
3 g	Salz

Mehl zum Ausrollen

ZUBEREITUNG
Das Wasser in die Rührschüssel der elektrischen Küchenmaschine geben und mit Öl und der zerbröckelten Hefe vermischen. Bei laufenden Knetarmen nach und nach das Mehl mit dem Salz zufügen. Alles zu einem kompakten, glatten Teig verarbeiten. Bei Zimmertemperatur 20 Minuten gehen lassen. Dann tüchtig durchwalken und auf einer bemehlten Fläche ausrollen. Auf ein Blech ausbreiten und nochmals 15–20 Minuten gehen lassen. Nach Belieben mit Gemüse, Fleisch, Meeresfrüchten, Wurst und Käse belegen. In den vorgeheizten Backofen schieben und bei 225 °C 15 Minuten backen oder auf dem Backstein zubereiten.
Temperatur: Backofen Ober-/Unterhitze
Vorheizen und Backen: 225 °C
Backzeit: 15 Minuten
oder: Backofen/Backstein P und 275 °C
Vorheizen: 30 Minuten
Backzeit: 5–7 Minuten

SALZTEIG

ZUTATEN
für 1 Rezept

300 g	Mehl
300 g	Salz
2	Eier
100 ml	Wasser
2 EL	Weißweinessig
2 EL	kaltgepresstes Olivenöl

ZUBEREITUNG
Das Mehl mit Salz, Eiern, Wasser, Essig und Öl zu einem glatten Teig verkneten. Etwa 40 Minuten kühl stellen.

Tipp
Ganze Fische, Geflügel, Keulen von Milchlamm oder Milchzicklein und Wildfleisch eignen sich besonders gut für die Zubereitung im Salzteig. Das Fleisch bleibt herrlich saftig und zart.

STRUDELTEIG

Die Zubereitung für den Strudelteig ist etwas komplizierter, es gibt ihn auch fertig an der Kühltheke zu kaufen.

ZUTATEN
für 4 Personen

100 g	Mehl
1 TL	Öl
1 Pr.	Salz
3 EL	Wasser

Öl zum Bepinseln
Mehl zum Ausrollen

ZUBEREITUNG
Das Mehl auf eine Arbeitsfläche sieben und in die Mitte eine Mulde drücken. Dahinein das Öl mit dem Salz geben und zusammen mit dem Wasser alles zu einem geschmeidigen, glatten Teig verkneten. Zu einer Kugel formen, die Oberfläche mit Öl bepinseln und in Klarsichtfolie einschlagen. So kann der Teig keine Haut ziehen und bei weiterer Verwendung auch nicht einreißen. 30 Minuten kühl stellen. Die Arbeitsfläche mit einem Tuch auslegen und gleichmäßig mit Mehl bestreuen. Die Teigkugel mit Mehl bestäuben, auf das Tuch legen und so dünn wie möglich ausrollen. Mit beiden Handrücken unter den Teig fahren, langsam und vorsichtig Richtung Tischkante ausziehen. Der Teig darf auf keinen Fall einreißen, aber er sollte so dünn werden, dass man eine Zeitung durch ihn hindurch lesen könnte. Der Strudel kann mit verschiedenen Füllungen — pikant oder süß — gefüllt werden. Man gibt ihn auf ein mit Wasser abgespültes Backblech, bepinselt die Oberfläche mit Milch oder verquirltem Eigelb und backt das Ganze nach der jeweiligen Rezeptangabe. Einen Strudel können Sie natürlich auch auf dem Backstein zubereiten.

APFEL-SELLERIE-SALAT

ZUTATEN
für 4 Personen

1/2	Sellerieknolle, etwa 300 g
1	Apfel (Delicius), etwa 150 g
1 Msp.	Vitamin C
2 EL	Crème fraîche
1 EL	geschlagene Sahne
1 TL	Blütenhonig
1/2 TL	Walnussöl
1 Pr.	Salz

ZUBEREITUNG
Vom Sellerie die Schale abschneiden, Äpfel schälen, beides in feine Streifen schneiden und gleich in wenig kaltes Wasser mit Vitamin C legen, wodurch die Farbe erhalten bleibt. Die restlichen Zutaten gut verrühren und mit 1 Prise Salz abrunden. Apfel-Sellerie-Streifen auf ein Sieb schütten und dann am besten in einer Salatschleuder leicht trocknen. Mit der Sauce gut vermischen und mindestens 1/2 Stunde kühl aufbewahren.

Anmerkung
Diesen erfrischenden Salat kann man nach Wunsch mit Nüssen und Rosinen verfeinern. Er passt sehr gut zu Terrinen und kalten Geflügel- und Wildgerichten.

EINGELEGTER MUSKATKÜRBIS

ZUTATEN

1	Muskatkürbis, etwa 2 kg
500 ml	Obstessig
500 ml	Wasser
500 g	Zucker
1	Ingwerwurzel
5	Lorbeerblätter
10	Pimentkörner
20	Pfefferkörner
1 EL	Senfsaat
3	Sternanis
3	Macisblüten
3	Kardamomkapseln

ZUBEREITUNG
Den Kürbis in Scheiben schneiden und beliebig ausstechen. Den Essig mit Wasser und Zucker aufkochen, die Gewürze zufügen und den ausgestochenen Kürbis mit kochendem Fond in Gläser füllen, diese verschließen und einige Tage im Kühlschrank ziehen lassen.

Die Kürbisreste vom Ausstechen kann man ebenfalls einlegen und zur Herstellung von Kürbis-Aprikosen-Chutney verwenden (Rezept Seite 150).

Wenn man den Kürbis etwas weicher lieber mag, sollte man ihn mit dem Fond zusammen aufkochen und dann darin erkalten lassen.

Tipp
Der eingelegte Kürbis passt gut zu Vorspeisen und Salaten oder auch als Einlage für Terrinen. Der Einlegefond eignet sich auch gut für andere Gemüsesorten, zum Beispiel für Rettich, Karotten oder Rote Bete.

EINGELEGTE PERLZWIEBELN

ZUTATEN

1 kg	geschälte Perlzwiebeln
100 g	Gänseschmalz
50 g	Zucker
50 g	Thymianhonig
5 cl	weißer Balsamico
5 cl	Apfel-Honig-Essig
200 ml	weißer Portwein
400 ml	Weißwein
1/2 Bd.	Thymian
2	Lorbeerblätter
2	Sternanis
5	Pimentkörner
5	Wacholderbeeren
10	Pfefferkörner

ZUBEREITUNG
Die geschälten Perlzwiebeln in Schmalz anschmoren und mit Zucker und Thymianhonig karamellisieren, dann mit weißem Balsamico und Apfel-Honig-Essig ablöschen und mit Weißwein und weißem Portwein auffüllen. Thymianzweige und Gewürze zugeben und etwa 25 Minuten im Ofen bei 200 °C schmoren lassen. Den Fond eventuell mit Stärke leicht abbinden und die Zwiebelchen heiß in Weckgläser abfüllen. So halten sie sich gut verschlossen einige Wochen im Kühlschrank.

EINGEMACHTE HOLUNDERBEEREN

ZUTATEN

1 kg	entstielte Holunderbeeren
175 g	Zucker
5 cl	Himbeeressig
500 ml	Banyuls oder Portwein
500 ml	Holundersaft, kaltgepresst und ungesüßt
1	Zimtstange
2	Sternanis
2	Pimentkörner
2	Kardamomkapseln
2	Wacholderbeeren
1	Macisblüte
1/2	Vanillestange
1/2	Orangenschale
	Speisestärke
	Strohrum

ZUBEREITUNG
Den Zucker in einem Topf karamellisieren und mit Himbeeressig ablöschen. Dann Banyuls, Holundersaft und Gewürze zufügen, einmal aufkochen lassen und etwa 1/2 Stunde ziehen lassen. Speisestärke mit etwas Banyuls verrühren und den Fond damit binden.

Die entstielten Holunderbeeren auf 10 Weckgläser von 20 cl verteilen und den heißen, passierten Holunderfond darauf gießen. Mit Strohrum beträufeln, anzünden und die Gläser sofort verschließen, danach bei 85 °C etwa 15 Minuten sterilisieren.

Die Gläser sollten kühl und dunkel gelagert werden, dann sind die Beeren einige Monate haltbar.

CHUTNEYS & EINGEMACHTES

EINGEMACHTE PREISELBEEREN

ZUTATEN

1 kg	verlesene Preiselbeeren
250 g	Zucker
100 ml	Noilly Prat
500 ml	Portwein, weiß
200 ml	Weißwein
200 ml	Apfelsaft
100 ml	Grenadine
1	Zimtstange
2	Sternanis
10	Pfefferkörner
2	Pimentkörner
2	Wacholderbeeren
1	Macisblüte
Speisestärke	

ZUBEREITUNG

Den Zucker in einem Topf karamellisieren und mit Noilly Prat ablöschen. Dann den Portwein, den Weißwein, den Apfelsaft, den Grenadine und die Gewürze zufügen, einmal aufkochen lassen und etwa 1/2 Stunde ziehen lassen. Speisestärke mit etwas Portwein verrühren und den Fond damit binden. Den Fond passieren und die verlesenen Preiselbeeren einmal darin aufkochen lassen. Die Beeren mit dem Fond in Weckgläser verteilen, die Gläser sofort verschließen, danach bei 85 °C etwa 15 Minuten sterilisieren.

Die eingemachten Preiselbeeren sollten kühl und dunkel gelagert werden, so sind sie einige Monate haltbar.

HOLUNDERBLÜTEN-ESSENZ

ZUTATEN

1 kg	Holunderblüten (Saison Mai/Juni)
2 l	Wasser
2 l	Weißwein
1 EL	Vitamin C
6	Zitronen
3 kg	Zucker

ZUBEREITUNG

Holunderblüten, Wasser, Weißwein, Vitamin C und gewaschene, halbierte Zitronen vermengen und zugedeckt für 48 Stunden in den Kühlschrank stellen. Danach durch ein Tuch passieren und den Fond aufkochen. Zucker zufügen, nochmals aufkochen lassen und heiß in Flaschen abfüllen. Die Essenz hält sich gekühlt für einige Monate und schmeckt köstlich mit Champagner aufgegossen als Aperitif.

KUMQUATS-CONFIT

ZUTATEN
für 4 Personen

12	Kumquats (Zwergorangen)
4 EL	Schalottenwürfel
50 g	Butter
12 cl	Orangensaft
8 cl	Noilly Prat
1	Thymianzweig
1	Estragonzweig
1 Msp.	Safranpulver
1 Spritzer	Tabasco
1 Pr.	Salz
1 EL	Walnussöl
1 EL	Traubenkernöl
2 cl	Grand Marnier

ZUBEREITUNG

Die Kumquats im Ganzen dreimal in kochendem Wasser für einige Minuten blanchieren, das Wasser jeweils wechseln, damit die Bitterstoffe entfernt werden, danach kalt abschrecken. Die Früchte halbieren, mit einer Gabel die Kerne rausschaben. Danach in kleine Würfelchen schneiden oder wolfen (3 mm Scheibe). Die Schalotten in heißer Butter farblos glasieren, Kumquats, Orangensaft, Noilly Prat und Kräuter zugeben und dickflüssig einköcheln lassen. Die Kräuter rausnehmen, das Confit mit Safran, Tabasco und Salz würzen. Zum Schluss mit Walnuss- und Traubenkernöl sowie Grand Marnier abrunden und heiß in ein Einweckglas füllen. Dieses kann gut verschlossen im Kühlschrank aufbewahrt werden. Das Confit schmeckt sehr gut zu Terrinen, Jakobsmuscheln, gebratenen Fischen, Geflügel- und Wildgerichten.

KÜRBIS-APRIKOSEN-CHUTNEY

ZUTATEN

2	Schalotten
250 g	Muskatkürbis
250 g	reife Aprikosen
150 g	getrocknete Aprikosen
4 cl	Noilly Prat
10 cl	Verjus
10 cl	Einlegefond vom Kürbis
Walnussöl	

ZUBEREITUNG

Schalotten würfeln und mit etwas Walnussöl anschwitzen, den Kürbis würfeln und zugeben, ebenso die Aprikosen. Noilly Prat, Verjus und den Einlegefond zugeben und bei reduzierter Hitze einköcheln lassen. Wenn das Chutney weich gekocht ist, in einer Küchenmaschine sehr fein cuttern, abschmecken und heiß in Gläser füllen.

Das Chutney reicht für 2–3 Weckgläser von 25 cl Inhalt und hält sich etwa 1 Woche im Kühlschrank. Wenn man es sterilisiert auch entsprechend länger.

MOSCATO-TRAUBEN

ZUTATEN

1 kg	Trauben, grün, klein und kernlos (Sultanas)
400 ml	Moscato d'Asti
400 ml	Weißwein
200 ml	Sauternes
200 ml	Noilly Prat
250 g	Gelierzucker
2	Sternanis
1	Lorbeerblatt
2	Pimentkörner
2	Wacholderbeeren
1	Zimtstangen
etwas Speisestärke	
100 ml	Grappa

CHUTNEYS & EINGEMACHTES

ZUBEREITUNG

Die Trauben verlesen und waschen. Moscato d'Asti, Weißwein, Sauternes und Noilly Prat mit Gelierzucker und den Gewürzen aufkochen und etwa 4 Minuten sprudelnd kochen, gegebenenfalls mit Speisestärke leicht binden und durch ein Sieb passieren. Die Trauben in den Fond geben, Grappa zufügen und dann in gespülte Einmachgläser füllen. Diese verschließen und bei 85°C im Dampf für 12 Minuten sterilisieren.

Die Trauben halten sich gekühlt einige Monate und eignen sich sehr gut als fruchtige Ergänzung zum gebratenen Fasan, Geflügel, Wild oder auch für Desserts.

PHYSALISKOMPOTT

ZUTATEN

150 g	Physalis
1 EL	Zucker
10 cl	Orangensaft
10 cl	Sauternes
1 Msp.	Safran
1	Rosmarinzweig
1	Thymianzweig
1	Gewürznelke
1/2	Sternanis
1/4	Zimtstange

etwas Speisestärke

ZUBEREITUNG

Physalis aus der Pergamentschale pellen und achteln. Zucker karamellisieren und mit Orangensaft und Sauternes auffüllen und um die Hälfte einkochen. Mit etwas Stärke den Fond binden, die Gewürze und Kräuter zufügen und mit den Physalis heiß in ein kleines Weckglas von 25 cl füllen. Über Nacht durchziehen lassen.

Das Kompott hält sich gekühlt einige Tage.

ROTWEIN-SCHALOTTEN

ZUTATEN

1 kg	geschälte Schalotten
100 g	Gänseschmalz
100 g	Zucker
5 cl	Balsamico
5 cl	Rotweinessig
200 ml	Portwein
400 ml	Rotwein
1/2 Bd.	Thymian

ZUBEREITUNG

Die geschälten Schalotten in Schmalz anschmoren und mit Zucker karamellisieren, dann mit Balsamico ablöschen und mit Rotwein auffüllen. Thymianzweige zugeben und etwa 20 Minuten im Ofen bei 200 °C schmoren lassen. Den Fond mit Stärke leicht abbinden und die Schalotten heiß in Weckgläser abfüllen, so halten sie sich einige Wochen im Kühlschrank.

Zitronenpfeffer	Pfeffermischung (weiß, rosa, schwarz und Piment)	Pfeffer weiss	Pfeffer rosa
Grüner Anis	Fenchel	Sternanis	Kümmel
Nelken	Piment	Wacholderbeeren	Senfpulver englisch
Orangenblüten	Rosenblüten	Lavendelblüten	Kapern
Fleur de Sel	Fleur de Sel mit wildem Fenchel	Fleur de Sel mit Thymian	Kurkuma

GEWÜRZE

Pfeffer schwarz	Japanischer Bergpfeffer, gemahlen	Sichuan-Pfeffer	Pepperoncini
Kreuzkümmel Cumin	Kardamom	Korianderkörner	Paprikapulver
Senfsaat	Lorbeerblätter	Macisblüte	Sesam schwarz
Safranfäden	Vanille / Tonkabohnen	Zimtpulver und Zimtstangen	Lebkuchengewürz
Currypulver Madras	Currypaste	Raz el Hanout	Pastetengewürz

Zitronenpfeffer
Der mit Zitronenschale aromatisierte schwarze Pfeffer passt gut zu Fisch und eignet sich zum Marinieren von Rinder-Rohfleisch.

Pfeffermischung
Diese Mischung aus weißem, schwarzen und rosa Pfeffer mit Piment eignet sich besonders für kurz gebratenes Rindfleisch.

Pfeffer, weiß
Weißer Pfeffer ist feiner als schwarzer und wird auch wegen der hellen Farbe meist bevorzugt.

Pfeffer, rosa
Rosa Pfeffer ist mit dem echten Pfeffer nicht verwandt. Es handelt sich um Schinusfrüchte. Rosa Pfeffer ist ein aromatisches und dekoratives Gewürz.

Pfeffer, schwarz
Schwarzer Pffefer besitzt ein ausgeprägtes scharfes Aroma.

Japanischer-Bergpfeffer (Sancho)
wird aus den getrockneten und gemahlenen Blättern der japanischen Esche gewonnen und hat einen pikanten, zitronenartigen Geschmack.

Sichuan-Pfeffer
heißen die roten Beeren einer Varietät des Gelbholzbaumes, sie können ebenso wie Pfeffer verwendet werden. Sichuan hat einen scharfen, an Anis erinnernden Geschmack.

Pepperoncini
Diese kleinen getrockneten Chilischoten sollten nur ganz sparsam mit der Gewürzmühle eingesetzt werden

Grüner Anis
hat einen würzigen, süßlichen Geschmack und wird überwiegend zum Backen verwendet. Er eignet sich auch für provenzalische Gerichte.

Fenchel
wird zum Einlegen und Würzen verwendet. Er harmoniert gut mit Fischgerichten und Kurstentieren. Die Samen haben einen leicht anisartigen Geschmack.

Sternanis
würzt Saucenansätze, Fleisch, Desserts, eingelegte Gemüse und Früchte.

Kümmel
passt gut zu Quark- und Kartoffelgerichten sowie zu Käse.

Kreuzkümmel, Cumin
ist in fast jeder Curry-Gewürzmischung enthalten. Würzt kräftig und passt gut zu orientalischen Gerichten.

Kardamom
passt gut zu Fleischgerichten und auch zu Desserts. Wird auch bei eingeleten Früchten oder Gemüsen verwendet.

Korianderkörner
Ganze Korianderkörner passen zu Fischfondansätzen. Gemahlen dienen sie zum Würzen von Currys sowie gebratenem Fisch und Fleisch.

Paprikapulver
wird benutzt, um vielen Speisen mit Gemüse, Fisch und Fleisch, oder auch Suppen, Würze und Farbe zu verleihen.

Nelken
werden für Saucenansätze, zu Fleisch oder mariniertem Fisch sowie in der Weihnachtsbäckerei verwendet.

Piment
erinnert an Nelke, Pfeffer und Zimt und wird für Fleisch- und Wildmarinaden, für Saucenansätze und eingelegte Gemüse verwendet.

Wacholderbeeren
Getrocknete Wacholderbeeren gibt man zu Pasteten und Marinaden, Kartoffeln, Sauerkraut und Schmorgerichten. Passen auch gut zu Wild.

Senfpulver, englisch
ist eine Mischung aus weißem (20%) und schwarzem (80%) Senf sowie Mehl und Kurkuma. Mit kaltem Wasser vermischt entwickelt er seine typische, volle Schärfe.

Senfsaat
wird zum Einlegen von Gemüsen und Früchten sowie in Marinaden verwendet.

Lorbeerblätter
Da die getrockneten Lorbeerblätter ihren Geschmack nur sehr langsam abgeben, sind lange Garzeiten notwendig, um die Blätter vollständig auszulaugen.

Vanilleschote
Vanille wird zum Würzen von Süßspeisen aber auch Gemüsen verwendet. Meist werden Bourbon- oder-Tahiti-Vanilleschoten angeboten.

Macisblüte
Macis besitzt im Vergleich zu Muskat ein etwas milderes und feineres Aroma. Die Macisblüten werden für Fisch, Eintöpfe mit Rind, Schmorgerichte, Gemüse und Kartoffeln verwendet

Sesam, schwarz
Die getrockneten Samen der Sesampflanze dienen zum Würzen und Garnieren von Brot sowie zur Ölgewinnung. Geröstet wird Sesam vor allem in der asiatischen Küche eingesetzt.

Orangenblüten
verbreiten einen starken, betörenden Duft, der gut zu Süß- und Fruchtspeisen sowie zu Gebäck passt, aber auch zu Orangensaucen, zum Beispiel bei Entengerichten.

GEWÜRZE

Rosenblüten
Kandiert dienen Rosenblüten sowohl als Geschmacksträger als auch als Garnitur, zum Bespiel in Desserts und Früchtechutneys.

Lavendelblüten
duften herb-würzig, bitter-aromatisch, jedoch nicht so intensiv wie die jungen Blätter. Den „Herbes de Provence" werden sie wegen ihrer schönen Farbe beigefügt.

Kapern
sind ein Würzmittel mit ungewöhnlichem, aber erfrischendem Aroma. Eingelegte Kapern gibt man an Geschmortes, Eintöpfe und Lammgerichte, sie sind eine gute Ergänzung zu Fisch in Öl, gesalzenem Fisch sowie Saucen.

Safranfäden
werden in Paella, Bouillabaisse, Risotto à la Milanese und in Fischsaucen verwendet Safran ist das teuerste Gewürz der Welt.

Tonkabohnen
stammen aus dem nördlichen Südamerika (Guayana und Orinoko-Quellgebiet). Heute werden sie hauptsächlich in Venezuela und Nigeria angebaut. Ihr Geruch ist stark süß-aromatisch (Vanille, Mandel), und der Geschmack ist leicht bitter.

Zimtpulver/Zimtstangen
werden für Desserts und Chutneys und zum Aromatisieren von Beerenfrüchten verwendet. Man gibt sie auch an gedämpftes Obst oder für ein besonderes Aroma an Heißgetränke wie Kakao.

Lebkuchengewürz
ist eine spezielle Gewürzmischung zum Abschmecken von Saucen und Wildgerichten sowie für die Weihnachtsbäckerei.

Fleur de Sel
Die Salzblume, so wird die oberste Kruste vom Meersalz bezeichnet. Mischungen mit Fenchel oder auch Thymian werden fertig angeboten.

Kurkuma
ist Hauptbestandteil von Currypulver. Oft gibt man Kurkuma während des Garens an Reis, etwa für Pilaws.

Currypulver Madras
besteht aus mindestens 20 Zutaten, unter anderem Kurkuma, Kreuzkümmel, Koriander, Kardamom, Chili und Nelken.

Currypaste
ist eine scharfe, würzige Paste mit sehr viel Chili. Sie passt ausgezeichnet zu Lamm und Rindfleisch sowie zu Saucen.

Raz el Hanout
ist eine nordafrikanische Gewürzmischung, die für Couscous verwendet wird.

Pastetengewürz
ist eine Gewürzmischung aus Pfeffer, Sichuan, grünem Anis, Macisblüte, Piment, Wacholder und Nelken (Rezept Seite 137).

ANANASMINZE In Verbindung mit Zucker entfaltet die Ananasminze ihr besonders fruchtiges Aroma am besten.

ANANASSALBEI gibt Fisch und Salat ein angenehmes Aroma und harmoniert gut mit exotischen Früchten.

BÄRLAUCH ähnelt in Geruch und Geschmack dem Knoblauch. Er eignet sich zum Würzen von Suppen, Gemüsen, Salaten und Risottos.

BASILIKUM schmeckt sehr gut in Verbindung mit Knoblauch und Tomaten. Es wird für Pesto und Sauce Verte verwendet.

BERGBOHNENKRAUT eignet sich nicht nur zum Würzen von Bohnengerichten, sondern ergänzt auch sehr gut Eintöpfe aus Hülsenfrüchten und Lammgerichte.

BLATTPETERSILIE dient zum Würzen fast aller Gerichte wie Suppen, Saucen, Kartoffeln, Fleisch- und Fischgerichte.

BORRETSCH ergänzt Salate anstelle von Gurken, kann aber auch als spinatähnliches Gemüse zubereitet werden. Die Blüten eignen sich gut als Dekoration von Vorspeisen.

BRENNNESSEL kann in Kombination mit anderen Kräutern für Suppen und auch Salate verwendet werden.

CURRYKRAUT ergänzt durch sein mildes Curryaroma gut Suppen, Reis-, Gemüse- sowie Fleischgerichte.

KRÄUTER

DILL entfaltet in der Kombination mit Zucker oder Säure sein Aroma besonders. In Marinaden und Saucen würzt er Fisch- und Kartoffelgerichte.

ESTRAGON ist ein gefragtes Gewürz für Buttermischungen, Mayonnaisen, Senf und Essig, aber auch für Fisch- und Geflügelgerichte.

GARTENKRESSE verfeinert Suppen, Quark- und Kartoffelgerichte.

KAPUZINERKRESSE sollte wegen des pfeffrigen Geschmacks sehr sparsam verwendet werden, passt gut zu Salaten oder kurzgebratenem Schweine- oder Kalbsfleisch.

KATZENMINZE wird in Frankreich zum Würzen von Salatsaucen verwendet.

KRAUSE PETERSILIE ist robuster als die glatte Blattpetersilie und wird daher gerne als Dekoration verwendet.

LAVENDEL duftet herbwürzig, bitteraromatisch und passt gut zu provenzalischen Gerichten.

LIEBSTÖCKEL passt wegen seines „Maggiaromas" gut zu geschmorten Gerichten und Eintöpfen, aber auch zu Tomaten und Salaten.

OREGANO eignet sich gut zum Würzen von Tomatengerichten sowie gebratenem oder gegrilltem Kalb- und Schweinefleisch.

PFEFFERMINZE wird bevorzugt zum Aromatisieren von Essenzen, Likören und Süßspeisen verwendet.

PIMPINELLE gibt Salaten, Kräuterkombinationen und Quarkgerichten eine aparte Note. Ein typisches Kraut für Frankfurter Grüne Sauce.

SALBEI UND SALBEI TRICOLOR eignen sich gut zum Würzen von fettem Fleisch und Fisch. Die frittierten Blätter können gut als Dekoration verwendet werden.

SAUERAMPFER dient zur Ergänzung von Salaten und Suppen. Kann aber auch eigenständig zu einer Sauce verarbeitet werden.

SCHNITTLAUCH kann als Zutat für Eier- und Quarkspeisen, Fisch- und Kartoffelgerichte verwendet werden.

SHISOKRESSE schmeckt würzig-pikant und rettichähnlich, sie lässt sich dekorativ in Salaten verarbeiten.

SPEARMINT wird in Saucen weiterverarbeitet und gerne in Verbindung mit Lammfleisch eingesetzt.

THYMIAN schmeckt besonders gut in Kombination mit Knoblauch, Tomaten, Oliven, Auberginen, Paprika und Zucchini, ergänzt Gerichte mit Schmorfleisch, Lamm, Wild und dunklem Geflügel.

VERVEINE ODER ZITRONEN-EISENKRAUT lässt sich mit seinem kräftigen Zitronenaroma fast überall einsetzen. Die getrockneten Blätter eignen sich gut für aromtischen Tee.

KRÄUTER

WALDMEISTER entfaltet erst nach der Zugabe von Zucker seinen vollen Geschmack und wird daher gerne für Süßspeisen oder Bowle verwendet.

WEINRAUTE ergänzt gelungen Eierspeisen, Käse und Wild.

WEISSE MELISSE duftet mild nach Zitrone und kann für Tee verwendet werden.

YSOP Die gehackten Ysopblätter schmecken gut zu geschmortem Rindfleisch und zu Hülsenfruchtgerichten.

ZITRONENMELISSE eignet sich gut für Kräutermischung und Salatmarinaden. Aber nicht mitgaren!

ZITRONENTHYMIAN ergänzt Fisch, Eier und Rahmsaucen. Zu Lamm passt er besonders gut, eignet sich aber auch zum Aromatisieren von Desserts.

159

ATLANTISCHER LACHS
Salmo salar
Wanderfisch, Vorkommen: europäische Küstengewässer, Eismeer und Island, Nord- und Ostsee bis Nordportugal, Kanada

BACHSAIBLING
Salvelinus fontinalis
Süßwasserfisch, Vorkommen: in kalten, sauerstoffreichen Seen und Flüssen in Europa sowie im Norden der USA und Kanada

HECHT
Esox licius
Süßwasserfisch, Vorkommen: gemäßigte Klimazonen der nördlichen Erdhalbkugel

LACHSFORELLE
Salmo trutta trutta
Wanderfisch, Vorkommen: Weißmeer bis Nordspanien

ZANDER
Stizostedion lucioperca
Süßwasserfisch, Vorkommen: Mittel- und Osteuropa bis zum Kaspischen Meer

KABELJAU
Gadus morhua
Meeresfisch, Vorkommen: Nordatlantik bis Grönland, Biskaya bis Spitzbergen

AUSTERN
Ostreidae, Pteriidae, Malleidae
Meerwasser, Vorkommen: Küstengewässer weltweit

HUMMER
Homaridae
Meerwasser, Vorkommen: in kühlen Gewässern mit felsigem Untergrund

FISCHE & KRUSTENTIERE

SEETEUFEL (LOTTE)
Lophius piscatorius
Meeresfisch, Vorkommen: Nordatlantik bis Guinea, Nordsee, westliche Ostsee

STEINBUTT
Psetta maxima
Meeresfisch, Vorkommen: Nordostatlantik, Nord- und Ostsee

ROTE MEERBARBE
Mullus barbatus
Meeresfisch, Vorkommen: vor allem Mittelmeer, auch im Atlantik

WOLFSBARSCH (LOUP DE MER)
Dicentrarchus labrax
Meeresfisch, Vorkommen: Ostatlantik, südliche Nordsee, Ostsee und Mittelmeer

THUNFISCH
Thunnidae
Meeresfisch, Vorkommen: in den mittleren Breiten, diverse Arten

SEEZUNGE
Solea vulgaris
Meeresfisch, Vorkommen: im Nordostatlantik, Nordsee, westliche Ostsee, Mittelmeer

BOUCHOT-MUSCHELN
Mytilidae
Meerwasser, Vorkommen: im nördlichen Teil der Ozeane

PULPO UND PULPOLINOS
Octopus vulgaris
Meerwasser, Vorkommen: an den felsigen Küsten des Atlantiks und im Mittelmeer

RIESENGARNELEN BLACK TIGER
Penaeidae
Süßwasser, Vorkommen: in Südostasien

CALAMARETTI
Teuthoidea
Meerwasser, Vorkommen: weltweit

NÜTZLICHE KÜCHENHELFER

Wichtig beim Kochen sind die gute Zutat und ein passendes Rezept. Mindestens ebenso wichtig ist, dass Sie mit Liebe ans Kochen herangehen und es Ihnen Spaß macht. Letzteres hat viel damit zu tun, dass die richtigen Küchenhelfer zur Hand sind, die so manche Arbeit erleichtern.

Auf dieser Seite möchte ich Ihnen einige meiner Favoriten vorstellen, die ich nicht nur privat, sondern auch in meiner Restaurantküche besonders gern einsetze. Es sind Küchenhelfer, die viele Arbeiten leichter machen und auf deren Qualität ich mich verlassen kann.

DIE GANZ SCHNELLEN

Anders als in der häuslichen Küche sind Elektrogeräte in einer Profiküche einer dauernden, harten Belastung ausgesetzt. Haushaltsgeräte der Marke Braun haben sich bei mir bewährt. Der Stabmixer Multiquick® professional ist durch sein vielfältiges Zubehör Pürierstab mit praktischem Spritzschutz, Schneebesen, Zerkleinerer und Mixer in einem. In den verschieden großen Zerkleinerern lassen sich z. B. Kräuter hacken, und selbst Nüsse und Parmesan schaffen sie spielend. Beim 1000-ml-Mixer ist ein Eis-Crush-Einsatz für die Zubereitung von Drinks enthalten.

Zum Pürieren größerer Mengen setze ich lieber den Standmixer PowerBlend ein. Achten Sie darauf, dass Sie nach und nach kleinere Mengen in den Aufsatz geben und nicht das ganze Püriergut auf einmal. Außerdem schneide ich die Zutaten vorher in 2—3 cm große Stücke. Das Gerät ist übrigens ideal zum Mixen von Drinks.

KÜCHENGERÄTE

DIE GANZ FLEISSIGEN
Vertrauen ist gut, Wissen ist besser. Niemals würde ich fertiges Hackfleisch kaufen. Mit dem Fleischwolf Braun Power Plus kann man es schnell und einfach selber herstellen. Das Fleisch schneide ich vorher in Streifen. Außerdem kann man mit dem Fleischwolf Fisch und Gemüse oder Pflaumen für Pflaumenmus zerkleinern. Darüber hinaus möchte ich die Zitruspresse Citromatic von Braun empfehlen, mit der ich sehr zufrieden bin, sowie die Kaffeemühle Aromatic. Allerdings nutze ich letztere nicht zu dem Zweck, zu dem sie eigentlich gedacht ist: Ich finde, sie ist ein geniales Gerät um z. B. auch Gewürze zu zerkleinern.

DAS RICHTIGE HANDWERKSZEUG

EIN GUTES KOCHMESSER

Kochmesser sind der Stolz eines jeden Kochs, sozusagen sein Markenzeichen. Sie gehören ihm persönlich und sind nicht wie andere Geräte Bestandteil der Küche. Köche verstehen viel von Kochmessern, so ist es nicht verwunderlich, dass sie zum Statussymbol werden können. Was für den einen sein Mercedes, ist für mich die Serie TWIN Select von ZWILLING. Die Messer sind ausgewogen, formschön und liegen perfekt in der Hand. Ein besonderer Vorteil ist, dass sie ganz aus Edelstahl hergestellt wurden. So gibt es keine Ritzen, in denen sich Bakterien ansiedeln können. Außerdem wirkt das Messer dadurch besonders elegant. Meine Messerauswahl von links nach rechts:

Fleischmesser, Fleischmesser klein, Kochmesser breite Klinge, Kochmesser klein, Kochmesser, Santokumesser, Gemüsemesser, Garniermesser, Ausbeinmesser, Universalmesser, Brotmesser

DIE PASSENDEN „TOOLS"

Ergänzend zu den Messern sind die Küchenhelfer der Serie TWIN Select von ZWILLING für den privaten Bereich ideal. Besonders der Hobbykoch, der neben einer perfekten Funktion und guter Qualität besonderen Wert auf Ästhetik legt, wird Spaß an diesen Produkten haben. Der Griff ist leicht und doch stabil, er lässt alle Greifpositionen zu, egal ob Sie rühren, schöpfen oder Kraft anwenden müssen. Und das ist meine persönliche Selection von links nach rechts und oben nach unten:

Pastalöffel, Rührwender, Pizza-/Auflaufheber, Schneebesen klein, Küchensieb, Grapefruitmesser, Eisportionierer, Zitronenschaber, Universalformer, Apfelausstecher, Winkelpalette, Pfannenwender, Haushaltsschere, Teigrad, Pendelschäler, Dressinglöffel

KÜCHENGERÄTE

A

abflämmen: Abbrennen von feinen Flaumenfedern über einer Gasflamme, z.B. bei gerupftem Geflügel.
abglänzen: Mit einer Glasur oder Gelee bedecken, glänzend machen.
abschäumen: Brühen und Fonds mit Hilfe eines Schaumlöffels von Trübstoffen (geronnenem Eiweiß, Unreinheiten) befreien, die sich beim Kochen an der Oberfläche sammeln.
abschrecken: Eine heiße Speise in eiskaltem Wasser schnell abkühlen.
abstechen: Mit einem Tee- oder Esslöffel kleine Klöße oder Nocken von einer Masse formen.
abziehen: Saucen und Flüssigkeiten mit angerührter Starke binden, um die gewünschte Konsistenz zu erhalten.
anschwitzen: In Fett anrösten, ohne dass die Speise Farbe annimmt.
à point: Gerade richtig, auf den Punkt gebracht braten, pochieren, garen.
Aromaten: Sammelbegriff für Würzzutaten (Gewürze, Kräuter etc.).
aufschlagen: Eine Sauce oder Creme mit dem Schneebesen bearbeiten, um sie locker und luftig zu bekommen.
ausbacken: In reichlich heißem Fett goldbraun backen.
ausbeinen: Schlacht-, Geflügel- und Wildfleisch von allen Knochen befreien, ohne die Haut zu verletzen.
ausbrechen: Das Knacken der Schalen und Herauslösen der fleischigen Teile bei Krustentieren.
auslegen: Eine Form mit dünn gerolltem Teig oder auch Speck auskleiden.
ausstreichen: Eine Form mit Fett bestreichen, um später den Inhalt besser zu stürzen bzw. auszulösen.

B

bardieren: Mit Speck umwickeln oder belegen.
Beignet: Kleines, gefülltes Gebäck (z.B. Früchte im Teig) im Fett ausgebacken.
bestäuben: Formen oder Speisen leicht mit Mehl aus- bzw. bestreuen.
binden: Mit Mehl, Stärke, Eiern oder Gelatine eine Speise sämiger machen.
bissfest garen: Gemüse, Nudeln nicht zu weich kochen, sie sollen im Kern noch Biss haben.
blanchieren: Kurzes Kochen in reichlich Salzwasser z.B. bei Gemüse, um es von Verunreinigungen und unangenehmen Geschmacksstoffen zu befreien und die Vitamine und die Farbe zu erhalten oder um die Haut besser abziehen zu können.
blindbacken: Teigböden ohne Füllung vorbacken. Damit der Boden flach bleibt, der Teigrand aber hoch geht, wird der Teigboden mit Pergamentpapier oder Alufolie abgedeckt und mit Hülsenfrüchten (Erbsen, Bohnen) beschwert. Nach dem Backen wird beides wieder entfernt.
Bouquet garni: Ein Gewürzsträußchen aus verschiedenen Kräutern, Suppengemüsen und Gewürzen zur geschmacklichen Verfeinerung von Saucen, Suppen und Brühen.
Brunoise: Fein gewürfeltes Gemüse

C

Consommé: Besonders kräftige, klare Brühe (Fond).
Corail: Rogen weiblicher Krusten- und Schalentiere.
Coulis: Früchte mit Zucker oder reduzierte Gemüsesaucen von der Konsistenz eines Pürees.
Crème double: Extra fette, süße Sahne (45 % Fettgehalt).
Crème fraîche: Dicke, säuerliche Sahne (30-40 % Fettgehalt).

D

dämpfen: Im Wasserdampf garen, ohne dass die Speise mit Flüssigkeit in Berührung kommt. Auch: Kartoffeln nach dem Kochen im Ofen austrocknen lassen.
dressieren: Mit Spritzbeutel und Tülle eine Speise geschmackvoll anrichten.
dünsten: In wenig Flüssigkeit, eigenem Saft oder Fett garen.
durchstreichen: Durch ein Sieb passieren.

E

entbarten: Bei Muscheln den Bart entfernen.
entfetten: Von Brühen, Saucen und Fonds in heißem Zustand mit Küchen- oder Filterpapier das Fett abnehmen, im kalten Zustand einfach die abgesetzte Fettdecke abheben.
Entrecôte: Fleischscheibe aus dem Zwischenrippenstück vom Rind.
Essenz: Stark eingemachte Brühe, konzentrierter Fond.

F

Farce: Füllung mit Sahne und sehr fein gemixtem oder durchgedrehtem Fleisch, Fisch oder Meeresfrüchten, pikant gewürzt und gebunden.
flambieren: Eine Speise mit hochprozentigem Alkohol übergießen und anzünden: der Alkohol verflüchtigt sich, zurück bleibt das feine Aroma.
Flan: Im Wasserbad gegarte Eierspeise.
Fond: Extrakt, der beim Garen von Fleisch, Fisch, Geflügel und Gemüse gewonnen wird; er dient als Basis für Saucen.
Fondant
kommt aus dem französischem und heißt wörtlich übersetzt schmelzend. Die Fondantmasse (Wassergehalt 8—12 %) wird zur Herstellung von Pralinen mit Cremefüllungen, Cremehütchen, Kokosflocken usw. verwendet.
Frittüre: Fettbad zum Ausbacken von Teigspeisen.
Frankfurter-Grüne-Sauce-Kräuter
In dieser Kräutermischung überwiegen Petersilie, Schnittlauch, Boretsch, Kresse, Pimpinelle, Dill, Sauerampfer. Die Sauce wird vorwiegend für Eier-, Fisch- und Fleischgerichte zubereitet. Die Mischung gibt es im gut sortierten Gemüsehandel fertig zu kaufen.

G

garnieren: Eine Speise hübsch anrichten.
geklärte Butter: Erhitzte Butter, die abgekühlt durch ein Tuch passiert wird; das reine Butterfett ohne die Molke bleibt übrig.
Glace: Stark eingekochte, ungesalzene Brühe (Reduktion) zur geschmacklichen Verbesserung von Saucen oder zum Überglänzen von Speisen.
glasieren (glacieren): Mit einer feinen Glasur bedecken, überziehen oder in Fett und etwas Zucker schwenken.
gratinieren: Ein Gericht mit starker Oberhitze überbacken, bis eine schöne, braune Kruste entsteht.
grüner Speck: Frischer, ungepökelter, ungeräucherter Speck.

J

Julienne: Sehr feine Streifen von Gemüse oder Trüffeln, als Einlage oder Garnitur.
Jus: Konzentrierter, brauner Fond oder reiner Bratensaft.

K

Karkassen: Skelettknochen geflügel oder panzer von Krustentieren zum Auskochen für Fonds.

Kecap Manis: Eine indonesische Sojasauce. Ist sie nicht zur Hand, kann sie durch normale Sojasauce und etwas braunen Zucker ersetzt werden.

klären: Mit Hilfe von einer Masse aus klein gehacktem Fleisch (Rinderhesse/Wadenfleisch) oder Fisch mit Eiweiß und Kräutern werden sämtliche trüben Bestandteile aus einer Brühe gebunden und entfernt; für klare Essenzen und Gelees.

Krebsnasen: Körper ohne Schwanz von gekochten Krebsen, zum Füllen mit Farce oder als Garnitur.

Küchencutter: Elektrische Blitz-Zerhacker zur Herstellung von Farcen.

Kutteln (Kaldaunen): Vormagen oder Pansen von Kalb oder Rind: fertig vorbereitete Kutteln erhält man beim Metzger.

M

marinieren: Fleisch, Fisch, Wild einlegen in eine würzende Flüssigkeit aus Essig, Wein, Zitronensaft, Öl, Kräutern und Gewürzen.

melieren: Vermischen, vermengen, unterziehen.

Mille-feuille: Kleine Blätterteigkuchen, aber auch blättrig geschichtete Speisen.

Mirepoix: Ist geschnittenes Wurzelgemüse (Zwiebel, Sellerie, Möhren), zum Anrösten oder Mitrösten in Saucen und Fonds.

montieren: Eine Sauce oder Suppe mit kalter Butter aufschlagen oder aufmixen.

N

nappieren: Speisen mit Sauce überziehen.

Noilly Prat: Trockener, französischer Wermut.

P

panieren: Erst in Mehl, danach im geschlagenen Ei und zum Schluss in Semmelmehl wenden.

Parfait: Eine feine, leichte Farce, mit Gelatine oder Eiweiß gebunden und in Förmchen oder Timbalen gestockt.

parfümieren: Eine Speise mit einer aromatischen Flüssigkeit würzen.

parieren: Fleisch- und Fischstücke von Sehnen, Fett und Haut befreien und gleichmäßig zurechtschneiden.

Parüren: Abschnitte, die beim Parieren entstehen, sie werden für Fonds verwendet.

Passepierre-Algen: Wachsen in Salzwiesen, schmecken knackig frisch, sind zart, leuchtend grün und sehr eiweißreich.

passieren: Durch ein Sieb streichen oder abgießen.

Passiertuch: Feines Gazetuch, durch das die feinsten, festen Bestandteile abgesiebt werden.

pochieren: In einer siedenden Flüssigkeit leise gar ziehen lassen, köcheln.

Pulpo: Eine vor allem an den felsigen Küsten des Atlantiks und im Mittelmeer verbreitete Octopus-Spezies. Auf dem sackförmigen Körper befinden sich zwei starr blickende Augen mit Lidern, die Arme sind mit jeweils zwei Reihen von Saugnäpfen besetzt.

R

reduzieren: Flüssigkeiten wie Fonds, Suppen, Saucen auf die gewünschte Konsistenz dickflüssig einkochen; verringert die Flüssigkeit und verstärkt den Geschmack.

S

Sabayon: Im Wasserbad aufgeschlagene Eierweinschaumcreme.

Salamander: Spezialgerät zum Überbacken und Bräunen.

Sauternes: Süßer, alkoholreicher Weißwein aus dem Bordeaux.

sautieren: Schnelles, kurzes Anbraten in Fett, dabei schwenken.

Schalotten: Kleine, würzige, eiförmige Lauchknollen, edelste Zwiebelsorte.

Schlagsahne: Halbsteif geschlagene Sahne ohne Zucker oder Salz; ideal für Saucen und Pürees, um sie leicht und luftig zu machen. Immer erst unmittelbar vor dem Servieren unterheben.

schleifen: Hefeteigstücke mit der Hand auf der Arbeitsfläche formen.

schmoren: Garvorgang zwischen Braten und Kochen.

soufflieren: Mit einer Soufflémasse füllen und dann dünsten oder überbacken.

Spiegel gießen: Formen, z.B. Terrinen, mit einem dünnen Überzug aus Gelee- oder Aspikmasse versehen.

T

temperieren: Eine Speise zur Weiterverbeitung der Temperatur einer anderen verwendeten Speise anpassen.

Touren: Mehrfaches Ausrollen und Zusammenlegen von Blätterteig.

tournieren: Gemüse zuschneiden bzw. abdrehen zur runden Form — heute meist oval oder länglich: aus optischen Gründen, aber auch, damit das Gemüse schneller gar wird.

Tranchen: Die angerichteten Scheiben bzw. Schnitten.

tranchieren: Zum Anrichten zerlegen und in Scheiben schneiden.

V

Verjus: Der Most von unreifen grünen Trauben (Verjus du Perigord)

W

wässern: Helles, noch blutiges Fleisch (z.B. Bries, Hirn) in Wasser legen, um das Blut herauszuwaschen; dadurch bleibt das Fleisch nach dem Garen hell. Auch um den aufdringlichen Geschmack (Nieren) oder Bitterstoffe (Chicorée) heraus zu ziehen.

Wasserbad (Bain marie): Ein mit Wasser gefüllter Behälter, in dem empfindliche Saucen, Crèmes etc. sanft erwärmt werden, ohne zu kochen. Die Gefäße mit den Speisen stehen auf einem Untersatz, damit sie nicht mit dem heißen Topfboden in Berührung kommen. Das Wasser im Wasserbad darf niemals sieden.

Z

Zesten: Mit einem Spezialschäler (Zestenreißer) dünn abgeschälte Schale von Zitrusfrüchten oder Gemüsen.

zur Rose abziehen: Eine Crèmemasse unter Rühren bis kurz vor dem Siedepunkt erhitzen, so dass sie auf dem Kochlöffel leicht angedickt liegen bleibt und beim Draufblasen kleine Kringel in Form einer Rose zeigt.

IMPRESSUM

Alle Rezepte kreiert und gestylt von Dieter Müller, Nils Henkel und Frédéric Guillon

Text:
Dieter Müller und Thomas Ruhl, falls nicht anders vermerkt
Fotografie, Typografie:
Thomas Ruhl

Produktion:
Ruhl-Agentur GmbH, Köln
Art Direction: Petra Gril
Produktionsleitung: Carola Gerfer
Handling, Textassistenz: Ute Schröder
Fotoassistenz: Sebastian Jäger
Satz, Litho:
Ruhl-Agentur GmbH, Köln
Scantext, Köln
Druck:
Stalling, Oldenburg
Printed in Germany

Verlag:
Originalausgabe
© 2002 DuMont monte Verlag, Köln
Alle Rechte vorbehalten

Die Deutsche Bibliothek —
CIP-Einheitsaufnahme
Einfach und genial : Die Aromaküche des Meisterkochs / Dieter Müller. Hrsg.: Thomas Ruhl. — Köln : DuMont-Monte-Verl., 2002
ISBN 3-8320-8738-9

Anschriften
Restaurant Dieter Müller im Schlosshotel Lerbacherweg
51465 Bergisch Gladbach
Tel.: 02202 / 2040
www.schlosshotel-lerbach.com
www.dietermueller.de

Thomas Ruhl
Werderstr. 21
50672 Köln
Tel.: 0221 / 9529120
www.ruhl-agentur.de
thomas.ruhl@ruhl-agentur.de

ZU DEN WEINBESCHREIBUNGEN IN DIESEM BUCH:

Mit den in diesem Buch aufgeführten Weinempfehlungen möchten wir den Stil und die Einzigartigkeit der „Müllerschen Küche" reflektieren. Filigran elegante, leicht verständliche, anspruchsvolle Aromenbomben haben wir gesucht. Dass die nach diesen Grundkriterien erwählten Weine handwerklich präzise, mit einer grundehrlichen Liebe zur Materie gearbeitet sind, steht außer Frage. Preisliche Orientierungen haben wir vermieden. Wir wollten Weine nicht nur für jeden Geschmack, sondern auch für jeden Geldbeutel offerieren. Bei der Beschreibung haben wir uns ausschließlich auf deren für Sie auch in ferner Zukunft nachvollziehbare Basis der Tropfen konzentriert. Jahrgangstypische Extravaganzen wurden außer Acht gelassen, da diese nur momentane Empfindungen widerspiegeln. Sollten wir mit den Beschreibungen der einzelnen Tropfen Ihre Neugierde geweckt haben, würden wir Ihnen gerne als Bezugsadresse die Firma Kierdorf Wein benennen.

Denn die Sortierung dieses Handelshauses spiegelt unsere Qualitätsliebe, unsere Professionalität, unsere Individualität nahezu perfekt wider. Die in diesem Buch aufgeführten Weine sind dort komplett gelistet.

Kierdorf Wein
Am Sonnenberg 7
51580 Reichshof
Tel. 02297/83111 • Fax 02297/351
a.kierdorf@kierdorfwein.de
www.kierdorfwein.de

BEZUGSADRESSE FÜR EXKLUSIVE LEBENSMITTEL

Dieter Müller empfiehlt Privatpersonen, die zum Nachkochen der Rezepte in diesem Buch die entsprechenden Zutaten bestellen möchten, die folgende Bezugsquelle für exquisite Lebensmittel.

Bos Food Düsseldorf
Grünstraße 24 c
40667 Meerbusch
Tel. 02132/139-0 • Fax 02132/ 139-100
www.bosfood.de

Silvio Nitzsche, Sommelier im Restaurant Dieter Müller, wählte mit viel Liebe die passenden Weine zu den Gerichten in diesem Buch aus.